falter 11

HENNING KÖHLER

Vom Rätsel der Angst

Wo die Angst begründet liegt und wie wir mit ihr umgehen können

VERLAG FREIES GEISTESLEBEN

3. Auflage 2000
Verlag Freies Geistesleben,
Landhausstraße 82, 70190 Stuttgart

ISBN 3-7725-1061-2

Umschlagmotiv: Richard Neal
Druck: Offizin Chr. Scheufele, Stuttgart

Inhalt

Vorwort

Die vorliegende kleine Schrift über das ‹Rätsel der Angst› ist nicht aus der Absicht entstanden, die Notlage einer offenbar stetig wachsenden Anzahl von betroffenen Menschen publizistisch auszunützen. Dieser Absicht wäre am besten entsprochen durch ein mühelos lesbares und schnelle Lösungen anbietendes Buch, denn mit Glücksverheißungen fängt man Verzweifelte, und der Verzweifelten gibt es viele.

Ich schicke diese Sätze voraus, um das Anliegen, das mit dieser Studie verbunden ist, gleich deutlich abzugrenzen gegen das, was auf dem gegenwärtig ‹boomenden›, populären Psycho-Ratgeber-Markt geschieht. Zwar ist es erstrebenswert, seelenkundliche Probleme in einer für jedermann verständlichen Form darzustellen, aber *allgemein*-verständlich heißt eben nicht unbedingt *leicht* verständlich. Es gibt einen Grad von populärwissenschaftlicher Vereinfachung schwieriger Zusammenhänge, der im Ergebnis zu falschen Aussagen führt. Da gilt dann das Bonmot, dass halbe Wahrheiten manchmal schlimmer sind als ganze Lügen. Davor müssen wir uns hüten – nicht obwohl, sondern gerade *weil* es uns um eine spirituelle Seelenwissenschaft und damit um die Überwindung des materialistischen Menschenbildes geht, das heute in der Psychologie unangefochtener herrscht als zum Beispiel in der Physik oder Biologie. Allzu viel Triviales wird mit dem Etikett ‹esoterisch› angeboten. Die Anthroposophie würde ihre Aufgabe verfehlen, wenn sie sich daran beteiligte.

Was heißt in diesem Zusammenhang ‹trivial›? Es heißt vor allem: durch die Aneinanderreihung appetitlicher, aber anspruchsloser Sätze den Eindruck erwecken, man habe einfache Antworten auf komplizierte Fragen gefunden, auf Fragen, die man in Wahrheit noch nicht einmal präzise zu stellen gelernt hat. Das vorliegende Bändchen will dagegen als ein fragendes, über voreilige Antwortschablonen hinausfragendes, aber noch lange nicht belehrendes verstanden sein. Der Titel ‹Vom Rätsel der Angst› ist nicht rhetorisch gemeint. Sie bleibt auch mir ein Rätsel. Ich will aber – und das wird nicht ganz ohne Anstrengung für den Leser abgehen – von Spuren berichten, die meine Kollegen und ich bei unseren Bemühungen gefunden haben und die weiterzuverfolgen uns aussichtsreich erscheint. Möglicherweise ergeben sich daraus für den Leser einige Gesichtspunkte, die ihm helfen, sich und andere besser zu verstehen und gerechter zu beurteilen. Gerechtigkeit des Urteils aus seelenkundlichem Verstehensbemühen ist die erste Voraussetzung, um im sozialen Miteinander hilfreiche, vielleicht ‹heilende› Haltungen zu entwickeln. Wenn ich dazu einen Beitrag leisten kann, ist der Zweck dieser Schrift erfüllt. Sie ist im Übrigen kein abstraktes Schreibtischerzeugnis, sondern ein Praxisbericht, der in mancher Hinsicht an meine bisherigen Bücher anknüpft.* Ständig standen der therapeutische Umgang mit angstgeplagten Kindern und Erwachsenen, die Besprechungen im Mitarbeiterkreis des Janusz-Korczak-Instituts und das entstehende Manuskript in einer wechselseitig befruchtenden Beziehung.

Rudolf Steiner hat einmal für die Heilpädagogik eine Art Grundregel formuliert, die man vielleicht als Binsenweisheit bezeichnen würde, wenn man nicht wüsste, wie oft sie missachtet wird. Die rechte Beurteilung von Entwicklungs*störungen* bei Kindern, heißt es da, setze eine gründliche Kenntnis der *regulären* Entwicklung in ihren körperlichen, seelischen und geistigen Aspekten voraus. Zweifellos ist diese Grundregel auf alle Formen der Seelenpflege-Bedürftigkeit nicht nur bei Kindern und Jugendlichen, sondern auch bei Erwachsenen übertragbar. Man muss die menschlichen Gefühlsäußerungen, um sie in ihren pathologischen Zuspitzungen verstehen zu lernen, zunächst dort beobachten, wo sie gesund, entwicklungsgerecht, das heißt auch: sinnvoll in die ‹Ökologie› der Seelenlandschaft integriert, auftreten. Insofern ist aller Anfang einer Grundlagenforschung über krankheitswertige Ängste die wenigstens annähernd sichere Beobachtbarkeit dessen, was Angst als seelisches Urphänomen und unvermeidlicher Bestandteil unserer Erlebniswelt überhaupt bedeutet, wie sie entsteht, wozu wir sie benötigen. Um einige Annäherungsversuche an die Beantwortung dieser Frage wird es im folgenden unter anderem gehen. Ich wende mich dabei an alle direkt oder indirekt Betroffenen, aber auch an

* In *Die stille Sehnsucht nach Heimkehr* (Stuttgart 1987) wird die Pubertätsmagersucht als Ausdruck einer unspezifischen Grundangst (‹Inkarnationsangst›) beschrieben. Daran anknüpfend habe ich mich in *Jugend im Zwiespalt* (Stuttgart 1990) mit den verschiedenen Stadien der Erschütterung des Urvertrauens und den damit zusammenhängenden Angsterfahrungen beschäftigt.

psychologisch interessierte, der anthroposophischen Menschenkunde unvoreingenommen gegenüberstehende Leser, die ihre eigenen Ideen und Beobachtungen im Gespräch mit anderen, in ähnlicher Richtung Suchenden vertiefen wollen. Dabei werden durch den gedanklichen Aussichtsort und praktischen Erfahrungshintergrund des *Kinder*therapeuten Schwerpunkte gesetzt, die sich von den bisherigen Veröffentlichungen anthroposophischer Autoren zum Thema Angst naturgemäß unterscheiden, ohne mit ihnen in Widerspruch zu geraten.

Unter keinen Umständen kann diese Studie für die leidvoll Betroffenen eine sachgerechte, von Mensch zu Mensch durchzuführende Hilfe ersetzen, die sie, je nach Schweregrad und Alter, in einem anthroposophischen Therapeutikum, bei einem Facharzt, Lebensberater, Heilpädagogen oder in einer Spezialklinik finden werden. Aber wir können einige Ideen zeigen, an denen sich anthroposophische Hilfsangebote orientieren, und vielleicht – das ist meine große Hoffnung – deutlich machen, dass Angst kein Makel, sondern Ausdruck einer kostbaren Seelenfähigkeit ist, die in der Krankheit nur gleichsam sich verirrt. Es ist eine alte, zeitlos gültige Erkenntnis, dass gerade sehr feinfühlige, tief empfindende Menschen auch besonderen Gefahren ausgesetzt sind. Darauf wird in den kommenden Jahrzehnten mehr und mehr zu achten sein, wenn verhindert werden soll, dass mit ansteigender Rate gerade solche Persönlichkeiten, die wesentliche Impulse für den Kulturfortschritt in sich tragen, als ‹Neurotiker› ins Abseits geraten. Hier klingt ein (heil-) pädagogisches Problem von höchster Dringlichkeit an. Wir müssen lernen, die Angst, die sich als Zivilisationskrankheit immer mehr verselbständigt, schon in statu nascendi, in den Kindheitsjahren, zu durchschauen und ihr durch eine Pädagogik der Ermutigung die Spitze zu nehmen.

Wolfschlugen, Herbst 1991 *Henning Köhler*

I.
Vom Wesen der Angst. Umriss der Fragestellung

1. Ist Angst etwas ‹Schlechtes›?

Angst ist uns allen bekannt. Sie «gehört unvermeidlich zu unserem Leben. In immer neuen Abwandlungen begleitet sie uns von der Geburt bis zum Tode», stellt Fritz Riemann[1] mit Recht fest. Als seelisches Ereignis ist Angst zunächst etwas ebenso Selbstverständliches, wie als äußere Ereignisse Regen, Wind, Nebel oder Gewitter selbstverständlich sind. Und es wäre in Hinsicht auf unsere innere Natur ebenso absurd, die Angst ‹abschaffen› zu wollen, wie es in Hinsicht auf die äußere Natur absurd wäre, widrige Witterungsverhältnisse abschaffen zu wollen.

Was daraus wird, wenn Mittel gesucht werden, die Angst zu *beseitigen,* statt ihr standhalten und sie verwandeln zu lernen, sehen wir zum Beispiel an der Tragödie des immer mehr um sich greifenden Drogen-, Alkohol- und Medikamentenmissbrauchs, aber auch am wachsenden Einfluss von Sekten, Satanskulten und kultähnlichen Bühnen- oder Leinwandspektakeln, die alle, wenn auch mit unterschiedlichen Mitteln, die Sehnsucht nach Angstüberwindung ausbeuten.[2]

Wer die Angst einfach beseitigen, ignorieren, betäuben oder von vermeintlich höherer Warte als ‹unreif› abtun will, gerät zwangsläufig auf Abwege. Wer Entsprechendes propagiert, lockt andere, die mit ihrer Angst *umgehen* lernen wollen, in fatale Sackgassen. Ebenso wenig wie beispielsweise gegenüber der Scham, dem Zorn oder der Sexualität dürfen uns die Schwierigkeiten, die wir mit der Angst haben, zu der falschen Schlussfolgerung verleiten, wir müssten uns ihrer *entledigen;* denn dies wäre, wie wir sehen werden, erstens unmöglich und zweitens, selbst wenn wir es könnten, ein großer Fehler. Angst ist ein existentielles Problem, ein Problem also, das durch die Konditionen unseres In-der-Welt-Seins naturgemäß auftritt und in die Lebensbewältigungsschritte, die wir auf diesem oder jenem Gebiet tun, positiv einbezogen werden muss. Anderenfalls, wenn wir die Rolle der Angst leugnen, verdrängen oder geringschätzen, ihr einfach keinen Platz in unserer Seelenwelt und Kultur zubilligen wollen – was alles von einer zwar verständlichen, aber voreiligen, negativen Bewertung dieser Rolle herrührt –, geraten wir, um mit Erich Fromm zu sprechen, in die Gefahr, «das Existenzproblem dadurch lösen (zu wollen), dass man vorgibt, nicht menschlich zu sein» – ein Versuch, der, wie Fromm fortfährt, «die Tendenz zeigt, im Laufe des Lebens des Betroffenen immer schlimmer zu werden».[3] Diese Verschlimmerung kann darin bestehen, dass die nicht einbezogene Angst sich gleichsam ansammelt, bis sie irgendwann katastrophenartig hervorbricht und alle Befestigungswälle, die sich der Mensch innerlich und äußerlich aufgebaut hat, hinwegspült; oft vollzieht sich die Verschlimmerung oder Chronifizierung des unbewältigten Angstproblems aber auch ‹maskiert›: als krampfhaftes Streben nach Macht, Einfluss, Ansehen, materieller Sicherheit; als Neigung, sich stets auf die Seite der Stärkeren zu schlagen; als herrisches Auftreten und Beanspruchung einer Führungsrolle; und nicht zuletzt als intellektuelle Verachtung der Angst beziehungsweise derer, die ihr nicht ausweichen wollen oder können. «Unsere Angst vor dem Leben ist an der Art zu erkennen, wie wir ständig etwas tun müssen, um nicht zu fühlen, wie wir ständig weglaufen», schreibt Alexander Lowen.[4] Man trifft diesen angstbetäubenden Aktionismus bisweilen auch als *argumentativen* Aktionismus an – als auffällig engagierte Bemühtheit, zu beweisen, dass Angst unangebracht, unnötig, schädlich, kulturzersetzend, unreif und so weiter sei.

Aber auf solche Beweisführungen kommt es gar nicht an. Sie zielen am Wesentlichen vorbei. Denn *die Angst* ist natürlich als solche weder unangebracht noch unnötig, weder schädlich noch kulturzersetzend, und auch als Unreife kann sie nur mit vielen Einschränkungen bezeichnet werden. Es ist immer unproduktiv, einen Tatbestand zu denunzieren, der schlechterdings zur *Grundausstattung* des Menschen und der Welt gehört. Die genannten negativen Attribute können allenfalls für diese oder jene Art des *falschen Umgangs* mit der Angst gelten, nicht aber für die Angst an sich.

Dies kann durch einfache Beispiele deutlich werden: Es wäre ohne die Grundkraft der Angst nicht möglich, dasjenige zu entwickeln, was wir *Vorsicht* nennen, die Fähigkeit also, die den überstürzt-unbedachten vom maßvoll-mutigen Tatendrang unterscheidet, aber andererseits doch auch, wenn sie zu stark in den Vordergrund tritt, entmutigend wirken kann. Oder nehmen wir die kostbare soziale Errungenschaft des zartfühlend-behutsamen Umgangs mit anderen Wesen, die wir ebenfalls in nicht geringem Maße der Angst verdanken, denn auch die Angst, jemanden zu verletzen, zählt zu den ‹echten› Ängsten. Sie kann, wie jede Angst, in Handlungsunfähigkeit umschlagen, ihre positive Seite jedoch verhilft zu einer der reifsten Ausprägungen von Handlungskompetenz.

Was folgt daraus? Wir sehen an diesen Beispielen zunächst, dass es uns im Bemühen um ein Verständnis des Angstphänomens keinen Schritt weiterbringt, wenn wir das Vorurteil in die Untersuchung hineintragen, Angst sei grundsätzlich etwas Schlechtes. Sie ist, wie so vieles andere, zunächst eine Seelenkraft, die wir als Teil der conditio humana ‹mitbringen›.[5] Wir sollten ihr nicht mit der Frage gegenübertreten, ob sie gut oder schlecht ist, sondern wie wir sie in unsere Persönlichkeitsentwicklung so einbeziehen können, dass sie uns vorwärtsbringt: «Leider wagen wir es zu wenig, das Problem der Angst, das ... hinter vielen Zwängen, hinter Überfürsorge wie hinter Misstrauen und Vermeidung steckt, beim Namen zu nennen», schreibt Margrit Erni und fährt fort: «Aus Angst vor der Angst verpassen wir manche Auseinandersetzung, die unser Leben im Endeffekt reicher und ehrlicher werden ließe.»[6] Für mich war es eine eindrucksvolle Erfahrung, wie nach dem Kernkraftwerksunglück in Tschernobyl ausgerechnet in den Kreisen, wo man sich zugute hält, mit esoterischer Ehrlichkeit an die Probleme heranzutreten, ein merkwürdiger Verdrängungsmechanismus auftrat. Allenthalben war zu lesen und zu hören, die Angst sei eine unproduktive und egoistische Reaktion, die auf mangelnder erkenntnismäßiger Durchdringung der Ereignisse beruhe. Ähnliches hatte man schon während der Auseinandersetzungen der siebziger Jahre um die sogenannte friedliche Nutzung der Kernenergie gehört und hörte man unlängst wieder im Zusammenhang mit dem Golfkrieg. Die Verdrängung besteht darin, dass man die Angst, weil sie eben ein unangenehmes Gefühl ist, reflexartig negativ bewertet und diese Bewertung, die eine reine Gefühlsangelegenheit ist wie die Angst selbst, anschließend rational absichert. Die Angst wird, mit anderen Worten, hinwegargumentiert, man könnte auch sagen: denunziert, bevor man sich wirklich auf sie eingelassen hat. Da spricht für mein Dafürhalten aus dem Titel und den Beiträgen des kurz nach dem Golfkrieg erschienenen Sammelbandes ‹Ich will reden von der Angst meines Herzens›[7] eine größere geistige Reife und wohl auch ein größerer esoterischer Mut, obwohl sich die Autoren allesamt gegen das Etikett ‹esoterisch› verwahren würden.

Ich will es einmal religiös ausdrücken: Gott hat den Menschen wohl kaum mit einer Seelenkraft von solch daseinsprägendem Gewicht, wie es der Angst zweifellos zukommt, ausgestattet, um ihm damit auf der ganzen Linie Schaden zuzufügen. Der Versuch, dieses Problem dadurch zu lösen, dass man sagt, Angst sei zwar etwas prinzipiell Schlechtes, aber in ihrer Überwindung liege eine große Entwicklungschance, ist nur mit Vorbehalt einleuchtend. Was ist unter ‹Überwindung› zu verstehen? Wenn ich, dem allgemeinen Sprachgebrauch folgend, einen grippalen Infekt überwunden habe, meine ich damit, dass die Symptome verschwunden sind. Etwas ist über mich gekommen, was mich beeinträchtigt hat, und jetzt bin ich davon erlöst. Darin, die Angst gewissermaßen wie eine Infektionskrankheit zu behandeln, von der ich, um im Bild zu bleiben, aufgrund meines schwachen Abwehrsystems bei allen möglichen Gelegenheiten befallen werde und deren Überwindung bedeuten würde, nicht mehr anfällig für sie zu sein, sehe ich gerade den entscheidenden Irrtum. Diese Sichtweise schließt aus, dass *in der Angst selbst* positive Entwicklungskräfte liegen könnten. Wir deklarieren die Angst zum Erzfeind und verhalten uns ihr gegenüber entsprechend. Alois Hicklin sagt in diesem Zusammenhang mit Recht, dass jede psychologische, philosophische, (volks-)pädagogische oder anderweitige «Zielvorgabe, (die) inner- oder außerhalb eines therapeutischen Rahmens mit der allgemeinen Tendenz des Menschen ‹mitagiert›, … Angst zu umgehen, abzulehnen, aus dem Bewusstsein auszuschalten», falsch ist.[8]

Die Hindernisse, vor denen wir als Menschen von Kindesbeinen an stehen, sind, sehr allgemein gesprochen, die physisch-materiellen, natur- und milieuhaften, dann auch gesamtgesellschaftlich-kulturellen Bedingungen, insoweit sie unserer geistig-seelischen Entwicklung – oder genauer gesagt: unserem Anspruch, diese Entwicklung in größtmöglicher Freiheit zu gestalten – entgegenwirken. Was wir als seelische Grundausstattung mitbringen, setzt sich, bildhaft gesprochen, aus ‹Rohstoffen› zusammen, die uns gegeben sind im Sinne einer «dem Menschen immanenten Zugehörigkeit» (Hicklin), um in der genannten Auseinandersetzung bestehen zu können. Mit anderen Worten: Genaugenommen geht es gar nicht darum, ‹die Angst zu überwinden›, jedenfalls nicht im Sinne von ‹austilgen› oder ‹hinter uns lassen›. Wenn wir einmal von allen Reminiszenzen an den gewohnten Sprachgebrauch absehen und die Sache redlich betrachten wollen, müssen wir anders fragen:

Welchen Sinn hat die Angst?

Wie kann sie uns *dienen* – oder dient sie uns längst schon –

bei der Auseinandersetzung mit den eigentlichen, objektiven Lebenshindernissen? Zu diesen, das sagt uns der gesunde Menschenverstand, kann nichts gehören, was den ‹Grundriss› unserer Befindlichkeit so entscheidend mitkonfiguriert, wie es die Angst in ihren zahlreichen Varianten und Legierungen mit anderen, positiven, oftmals erst durch die Verbindung mit der Angst positiven Eigenschaften und Ausdrucksformen der Menschlichkeit tut.

Ist am Ende die Angst selbst, wenn wir sie richtig verstehen und einbeziehen, der Möglichkeit nach eine positive menschliche Eigenschaft – also durchaus nicht nur eine Unpässlichkeit, aus deren ‹Überwindung› wir die Kraft des Kriegers schöpfen, der einen Feind zur Strecke gebracht hat?

Kann ein Versuch, vorurteilslos nach den Ursprüngen beziehungsweise Entstehungshintergründen der Angst zu forschen, dazu beitragen, ihr den Sinn wiederzuverleihen, den sie verloren hat, weil wir ihn ihr nicht zubilligen; weil wir ständig bemüht sind, sie zum Schweigen zu bringen, bevor wir sie überhaupt ‹angehört› haben?

Kann es bis in die Lebenspraxis beziehungsweise persönliche Lebenshygiene hinein fruchtbar werden, solchen Fragen nachzugehen?

Wo die Angst einen Menschen trifft, «welcher in ihrer Bewältigung überfordert ist, weil er weder (ihren) Sinn versteht, noch (ihrem) Aufforderungscharakter nachzukommen vermag», schreibt Hicklin, geraten wir «in einen Bereich, den wir aufgrund dieser Unlösbarkeit als pathologisch bezeichnen können». Ich plädiere, um der größtmöglichen Genauigkeit willen, dafür, dass wir mit Hicklin[9] als Zielvorgabe den Begriff ‹Bewältigung› demjenigen der ‹Überwindung› vorziehen und nicht die Angst als solche a priori negativ bewerten, sondern uns darauf beschränken, dass ihr Auftreten als *unlösbares*, das heißt auch: aufgrund der Unauffindbarkeit ihres Sinns *nicht positiv einbeziehbares* Problem dem betroffenen Menschen zum Schaden gereicht. *Bewältigung* heißt im seelischen Bereich niemals ‹Ausmerzung›, sondern immer ‹Einfügung›, in gewisser Hinsicht auch ‹Befreundung›. Wenn ich von tiefer Trauer ergriffen bin und die Trauer *bewältige*, habe ich sie nicht beseitigt oder hinter mir gelassen, sondern mein Verhältnis zu ihr positiv verändert, ihr einen Platz zugewiesen und nicht sie, sondern meine Verfeindung mit ihr ‹überwunden›. Liegt es nicht nahe, Ähnliches auch im Umgang mit der Angst anzustreben?

Wenn Victor-Emil von Gebsattel (zitiert nach Karl König) die Vermutung aussprach, «dass die Fähigkeit zu Angsterlebnissen im westlichen Menschen dauernd zugenommen hat während der letzten … Generationen»,[10] drängt sich die Frage auf, welche Entwicklungsdissonanz sich darin ausspricht, dass eine bestimmte Seelenverfassung immer stärker, immer fordernder hervortritt, während wir offenbar noch nicht oder nur selten die Fähigkeit besitzen, produktiv darauf zu antworten. Alexander Lowen[11] gibt in seinem Buch *Angst vor dem Leben* einen schlichten Hinweis, der uns vielleicht auf eine wichtige Spur führen kann: «Wenn man sein Herz der Liebe öffnet, wird man verletzlich. Mehr Leben oder Gefühl als das Gewohnte ist erschreckend. Wir *möchten* lebendiger sein und mehr spüren, aber wir haben Angst davor» (Hervorhebung H.K.). Ist die wachsende Angst in unserer Zivilisation nicht nur eine *Folge* der kränkenden Lebensverhältnisse und als solche schädlich, sondern auch *Vorzeichen* einer neuen sozialen und spirituellen Sensibilität und in dieser Hinsicht eine positive Herausforderung? Wir werden, nachdem wir uns mit dem Wesen der Angst auseinandergesetzt haben, auf diese bewusstseinsgeschichtliche Frage zurückkommen.

Kürzlich wurde ein Vortrag mit dem Titel angekündigt: ‹Angst und Furcht – Feinde der Seele› (Unterzeile: ‹Wege zu ihrer Überwindung›). Die Frage, ob man es sich so nicht zu einfach macht, muss erlaubt sein. Eine angemessenere Wortwahl wäre etwa: ‹Angst und Furcht – Kräfte der Seele, die zu Feinden werden können. Wege zu ihrer Bewältigung›. Michaela Glöckler erwähnt in ihrem Aufsatz ‹Vom Umgang mit der Angst› einen entscheidenden *förderlichen* Aspekt der Angst, der uns noch beschäftigen wird: «Das Erleben und Aushalten der Angst stärkt das Selbstbewusstsein und die Selbsterfahrung am Andersartigen. Daher ist auch die Entwicklung des ... Selbstbewusstseins nicht zu trennen von dem Erleben und dem *Umgehen* mit der Angst»[12] (Hervorhebung H.K.).

2. *Angst vor der Angst*

Wir haben eingangs den Vergleich zwischen Angst als einem ‹inneren Naturereignis› und äußeren Naturereignissen wie Regen, Wind, Nebel oder Gewitter gebraucht und damit auf die *Vorfindlichkeit* der Angst hinweisen wollen: Sie gehört zu den seelischen Lebensverhältnissen, in die wir hineingeboren werden, sie «liegt im Blute», wie sich Helmut Hessenbruch[13] ausdrückte, und das ist die Feststellung, die uns einen zunächst wertungsfreien Umgang mit ihr abverlangt.

Bleiben wir noch einen Augenblick in diesem Bild. Sturm und Gewitter sind, für sich genommen, weder ‹gut› noch ‹schlecht›, auch keine ‹Naturkrankheiten› – die Angst wurde in einer anthroposophischen Publikation, allerdings mit Fragezeichen, als ‹Kulturkrankheit› bezeichnet –, sondern einfach natur*gegeben* und – wie alles Naturgegebene – notwendig. Wenn aber die Häuser, in denen wir wohnen, nicht fest genug gebaut sind und keinen ausreichenden Schutz vor den Naturgewalten bieten, werden diese uns zu Feinden. Andererseits ermöglicht uns erst der sichere Zufluchtsort, das *Heim* (ein Begriff, der uns noch gründlich beschäftigen wird), dass wir die naturgegebene Notwendigkeit der – wie man so treffend sagt – ‹unwirtlichen› Witterungsverhältnisse als ihr wichtigstes Charakteristikum anerkennen und *auf dieser Grundlage* ein immer besseres Gespür auch für ihre schönen Seiten entwickeln können. Denn anderenfalls würde uns das feindselig-angstbestimmte Verhältnis den Blick für das Wesentliche versperren.

Ich sage mit Bedacht: Der sichere Zufluchtsort *ermöglicht* uns, auf die beschriebene Weise unser Verhältnis zu den Naturgewalten ins Positive zu wenden. Denn es kann ja auch anders sein. Das Problem, das im Entfallen der unmittelbaren Bedrohtheit, des unmittelbaren Genötigtseins zur Auseinandersetzung liegt, ist der Interesseverlust, die Entfremdung, das Erlöschen der Urbilder. Als Blitz und Donner noch als Ausdruck von Wotans Zorn erlebt und zur Beschwichtigung Opfer dargebracht wurden, war auch dies eine Art des verstehenden Umgangs. Psychologisch gesprochen: Durch Verdrängung und Beziehungslosigkeit, was zuletzt auf eine *Schwächung* hinausläuft, werden wir unfähig, in der Gefahr, wenn sie möglicherweise doch einmal wieder auf uns zukommt, zu bestehen.[14]

Wir sehen also, dass Kapitulation vor der Angst auch darin bestehen kann, sich einfach nicht mehr auf das Beängstigende einzulassen. Dann gleichen wir dem Kranken, der sich durch Einnahme schmerzbetäubender Mittel in eine Illusion von Gesundheit begibt, die ihm zuletzt zum Verhängnis werden kann. Wir gleichen diesem Kranken auch insofern, als es ein bestimmtes Licht auf sein *Verhältnis* zur Krankheit wirft, dass er den Weg ‹Betäubung (Verdrängung) statt Heilung (Auseinandersetzung)› wählt. Er betrachtet die Krankheit als seinen Feind, und einen Feind muss man zum Schweigen bringen. Heilung dagegen, die bisweilen durchaus unterstützt werden kann durch Maßnahmen der symptomatischen Schmerzlinderung, hat immer etwas mit einem Freundschaftsangebot an die Krankheit zu tun (‹Freund› = germanisch ‹fri-ond› hat dieselbe Wortwurzel wie ‹Freiheit›). Wir müssen auf sie zugehen, um frei von ihr zu werden. Wer nur schmerzbetäubende Mittel einnimmt, übersieht etwas Wichtiges: Die Substanzen haben in Wahrheit gar keinen Einfluss auf dasjenige, was sich durch den Schmerz mitteilen will. Sie schirmen nur das Bewusstsein gegen diese Vorgänge ab. Der Kranke begibt sich gewissermaßen in eine künstlich erzeugte, innere Isolierzelle, eine pervertierte Spielart des Motivs der ‹festen Burg›, des ‹sicheren Zufluchtsorts›. Denn die sinnbezogene, konstruktive Zufluchtsuche zielt immer darauf ab, einen Ort der relativen Geborgenheit zu finden beziehungsweise sich zu schaffen, um von dort aus mit größerer Besonnenheit in *Beziehung zu treten* zu dem, was vorher nur Gefühle der Hilflosigkeit und Angst auslöste. Deshalb liegt, um es zu wiederholen, die *Chance* des sicheren Zufluchtsortes in einer neuen, gerechteren Beurteilung und Einbeziehung dessen, was wir bislang, weil wir ständig fliehen oder abwehren mussten, nie wirklich *anschauen,* nie eigentlich *würdigen* konnten. Bei der Dichterin Christa Reinig findet sich ein wunderbarer Vers über das Geheimnis des ‹Sich-Befreundens› – Saint-Exupéry verwendet in seinem Buch vom kleinen Prinzen das Wort ‹Zähmung› in diesem Sinne – mit den Dingen, Wesen und Ereignissen, denen wir zunächst abwehrend und feindselig gegenüberstehen:

> Ich danke allen starken Dingen,
> mein Herz ging strahlend in sie ein,
> es ging als Wucht, sie zu bezwingen,
> und kam als Weisheit, sie zu sein.[15]

Halten wir fest, dass es eines gewissen Maßes an Sicherheit und Abstand bedarf, um uns so mit den ‹starken Dingen› – in uns, um uns – *ins Einvernehmen zu setzen,* dass sich ihre nützlichen, förderlichen und schönen Eigenschaften offenbaren. Diese bleiben uns sowohl dann verhüllt, wenn wir, schutzlos preisgegeben, nur mit Abwehr- und Fluchtreflexen reagieren können, als auch dann, wenn wir uns in die ‹Isolierzelle› zurückziehen. Das Haus, die sprichwörtliche ‹sichere Burg›, kann ein Ort der Verbarrikadierung sein, aber auch eine Pflegestätte für anteilnehmendes Interesse, von wo aus, im Idealfall, Liebe ausströmt zu allem, womit Gott die Welt, in der wir leben, ausgestattet hat.

Die Poesie einer stürmischen Gewitternacht ist für den, der fürchten muss, vom Blitz getroffen zu werden, völlig unzugänglich, und es wäre absurd, ihm, während er verzweifelt einen Unterschlupf sucht, Belehrungen über den Segen zu erteilen, den Frühlingsgewitter für Natur und Mensch bedeuten. Wir brauchen das ‹Heim›, brauchen «fremde oder durch eigenes Vermögen gesetzte Grenzen», durch die erst «die verfügbare Handlungsfähigkeit» (Hicklin) und, wie ich hinzufügen möchte, Erkenntnisfähigkeit ausgeschöpft werden kann. Erst dann können wir unser Verhältnis zu dem *Fremden* schlechthin, zu den jenseits unseres Gutdünkens einfach mit ‹rücksichtsloser› Eigenmächtigkeit waltenden Kräften, in Richtung größerer Ruhe, Urteilssicherheit und Empfindungstiefe bereinigen. Was den Umgang mit der äußeren Natur betrifft, ist ‹Heim› ganz wörtlich zu verstehen. Aber was ist damit gemeint, wenn wir uns jetzt der ‹inneren Natur› zuwenden?

Die Übertragung unseres Beispiels auf die menschliche Innenwelt scheint uns zunächst vor ein Paradoxon zu stellen. Hier sind ja auch ‹Naturkräfte› beheimatet, mit denen sich der souveräne, von bewussten Entschlüssen gesteuerte Eigenwille verfeinden oder befreunden kann, das heißt, er kann ihnen entweder auf die eine oder andere Art unterliegen oder den Widerspruch auflösen und sie integrieren. Die Übertragung unseres Beispiels namentlich auf die *Angst* als Ausdruck einer solchen Naturkraft zeigt dieses Paradoxon sehr deutlich: Wir reihen damit die Angst selbst unter die angsterzeugenden Ereignisse ein. Aber wer im Umgang mit angstgeplagten Menschen einigermaßen kundig ist, weiß, dass dies nicht nur berechtigt ist, sondern geradezu den Kern der Sache trifft.

Für den Menschen, dem die Angst zur beständigen Plage wird, bei dem sie sich vielleicht zur Krankheit auswächst, ist – und auch dies klingt wieder paradox – gar nicht die *Angst, wie wir sie alle kennen,* das eigentliche Problem, sondern die *Angst vor der Angst.* Es handelt sich im pathologischen Bereich also im Wesentlichen um eine Verzerrung des *Verhältnisses,* das jemand zu der Angst hat, die als natürliche Seelenregung sonst ganz selbstverständlich, je nach Veranlagung, Temperament und Vorgeschichte mehr oder minder stark, in jedem Menschen vorhanden ist und, wie zu zeigen sein wird, auch vorhanden sein *muss.*

Anders gesagt: Es gibt zwei Schichten in der Angstsphäre (eigentlich gibt es drei Schichten, aber darauf kommen wir später), die zu unterscheiden sind. Zum einen erleben wir die Angst in der Tat wie einen inneren Naturvorgang, der bei bestimmten Gelegenheiten zwar ungebeten, aber hinsichtlich seines aktuellen Entstehungsgrundes doch zumeist *nachvollziehbar* hervortritt; zum anderen kann die Art, wie wir auf das Hervortreten dieses ‹Naturprozesses› reagieren, wie wir uns zu ihm stellen (können), wie wir ihn bewerten und bewältigen, ebenfalls mehr oder weniger angstbetont oder, im besten Fall, weitgehend angstfrei sein. Es gibt also immer, wenn wir uns ängstigen, ein *Dass* und ein *Wie* der Angst.

Ich will dies an einem persönlichen Beispiel erläutern. Wenn ich irgendwo vor vielen Menschen eine Rede halten muss, nützt mir einerseits alle inzwischen auf diesem Gebiet erworbene Routine nichts: Ich bekomme, kurz bevor es losgeht, Angst. Aber andererseits nützt mir die Routine eben doch. Es macht mir nämlich nichts aus, Angst zu haben! Im Gegenteil: Ich habe gelernt, dass die angstvolle Anfangsaufregung, wie sie ja auch von Schauspielern als ‹Lampenfieber› beschrieben wird, dazu beiträgt, dass der Vortrag besser gelingt! Man bekommt allmählich heraus, dass es vorteilhaft ist, wenn dieses ‹Lampenfieber› einen recht hohen Pegel erreicht. Was liegt da vor? Ich habe keine Angst vor der Angst! Ich begrüße sie freundschaftlich, und plötzlich *hilft sie mir, indem sie auf der Gegenseite Kräfte aktiviert*, die gleichsam über ihre erste Aufgabe, die Angsthemmung zu durchbrechen, hinauswachsen und dann in positiver Art fantasiebelebend, gedankenbelebend weiterwirken.

Wie ist es aber möglich, dieses freundschaftliche Verhältnis zur Angst zu finden? Als Erstes kommt in Betracht, dass ich mich in dem Thema, über das ich sprechen soll, wirklich ‹zu Hause› fühlen muss. «Zu Hause, daheim sind wir, wo wir des Umgangs mächtig sind, wir ‹vermögen› ihn, wir sind ihm gewachsen und mögen ihn, auch im Sinne des Gernhabens».[16] Den Umgang mit dem Thema nicht nur beherrschen, sondern auch ‹gern haben› – das ist das zweite, worauf es ankommt: die Liebe zu der Handlung, die ich auszuführen habe! Das ist nicht zu verwechseln mit der Verliebtheit in die Vorstellung, dass *ich* die Handlung ausführen werde. Auf die Handlung selbst muss es ankommen! Das dritte schließlich ist ein schwer zu beschreibender Vorgang: Man ‹sammelt sich›. Die Angst hat im ersten Moment ihres Auftretens eine gegenteilige Tendenz: Man droht sich zu verlieren. Die Gedanken irren in alle möglichen Richtungen ab, wir werden bis in die Bewegungsabläufe hinein fahrig, schreckhaft und unkonzentriert, alles will sich ‹verflüssigen›. Man hat unmittelbar den Impuls, sich in der eigenen Mitte zu sammeln, zu be-festigen. Eine typische Reaktion ist es nun, die Augen zu schließen und sich zum gleichmäßigen Atmen zu zwingen, möglichst an einem ruhigen Ort, wo man für einige Minuten ungestört ist. Dies ungefähr spielt sich, wenn die Sache positiv verläuft, zwischen dem ersten Auftreten der Angst, das immer *gegen* den Tatimpuls wirkt, bis zum tätigen Ergreifen der Situation ab: das Sich-Besinnen auf die ‹Heimatlichkeit› der gestellten Aufgabe: ‹ich weiß, dass ich es kann›; das Einschwingen in die Sympathie zur auszuführenden Handlung: ‹es geht nicht um mich, sondern um die Sache, und die Sache ist gut›; die innere Sammlung und das zielgerichtete Zur-Ruhe-Bringen der Willenskräfte, die sich im Chaotischen verlieren wollten: ‹hier bin ich und werde tun, was ich kann und was gut ist›.

An diesem Punkt ist die *Außenwelt* gewissermaßen vollständig zurückgedrängt. Sie ist nur noch – ich spreche natürlich in bildhafter Überzeichnung – ein leerer, eigenschaftsloser Raum, in den die bevorstehende Handlung hineingestaltet werden soll. ‹Draußen› ist in diesem Augenblick der Sammlung ein Synonym für ‹Dort›, aber nicht mehr die Sphäre, von der tat- beziehungsweise ausdruckshemmende, ‹be-eindruckende› Wirkungen ausgehen. Insofern ist der Zustand schlafverwandt, obwohl er gleichzeitig hochkonzentriert ist: ein hellwaches Schlafen. Man hat sich ganz auf die Spitze seines Ichs gestellt und ist von daher gesehen gesteigert wach; man hat sich gegenüber der Außenwelt, gegenüber dem also, was man als *auf sich zukommend* erlebt, für einen Augenblick abgeschottet, wie man es auch im Schlaf tut. Aus diesem Sammlungspunkt heraus, der zugleich ein ‹Umkehrpunkt› ist, wird das Verhältnis zum ‹Draußen› unter der Führung bestimmter Denkvollzüge neu geordnet. Wir werden im Kapitel ‹Angst und Schlaf› noch sehen, dass wir damit auf einen bedeutsamen Zusammenhang gestoßen sind.

Vorläufig soll uns nur interessieren, dass das Auftreten der Angst *an sich* nicht nur kein Problem ist, sondern möglicherweise sogar hilfreich sein kann, wenn wir keine *Angst vor der Angst* haben, sondern die Fragen, die sie uns stellt, ernst nehmen und zu beantworten imstande sind. Wie das obige Beispiel gezeigt hat, sind diese Fragen – ‹Beherrschst du dein Thema? Ist dir das, was du tun willst, wirklich wichtig? Hast du alle Kräfte versammelt, um es *gut* zu machen?› – immerhin mehr als berechtigt! Die Angst veranlasst eine Selbstprüfung, die uns auf die entscheidenden Punkte aufmerksam macht, und sie veranlasst schließlich ein Sich-Zusammennehmen, das – wenn es nicht misslingt – zur Bewältigung des Bevorstehenden ausgesprochen förderlich ist. Wir treten aus dem Stadium der Angstbezähmung gewissermaßen mit einem gezügelten Kräfteüberschuss an die gestellte Aufgabe heran, der sich spürbar positiv auswirkt. Und noch etwas, nur scheinbar Nebensächliches, darf nicht vergessen werden: Angst, *bezähmte,* aber als solche natürlich nicht ‹ausgelöschte›, sondern in verwandelter Form in die Tatausführung *mitgenommene* Angst, hilft, eine gewisse Bescheidenheit, Behutsamkeit, ‹seelische Tastempfindung› walten zu lassen, sowohl der Sache als auch den beteiligten Menschen gegenüber! Wir haben also, wenn wir der Angst ein kontrolliertes Mitspracherecht zugestehen, zwei Vorteile: erstens auf der Gegenseite den Zuwachs an Tatkraft, zweitens auf der Seite der Angst selbst dasjenige, was ‹erlöste› Angst immer ist: größere Feinfühligkeit.

Die Fähigkeit, in herausfordernden Situationen immer

wieder den Standpunkt zu finden: ‹Ich bin in Bezug auf meine Wahrnehmungs-, Urteils- und Handlungsfähigkeit *Herrscher im eigenen Haus*›, löscht die Angst nicht aus – so zu denken wäre oberflächlich –, sondern nimmt ihr die entmündigende Gewalt, die sie ausübt, wenn uns jene Fähigkeit abhanden kommt. Unter der Führung und Fürsorge eines intakten, nicht egoistischen, sondern an der Liebe zur Tat sich aufrichtenden Selbstvertrauens hingegen wird die Angst, indem sie sich verwandelt, zu einer hilfreichen und durchaus die Lebensqualität *erhöhenden* Wegbegleiterin. Auch hier gilt: Die *sichere Burg*, im eigenen Inneren errichtet, kann ein Ort der Verbarrikadierung und Vereinsamung sein, wo «das Zuhause zu einem Gefängnis (wird) und immer mehr die generelle und wachsende Bedrohtheit verdeutlicht» (Hicklin). Dann ist die Angst nur ausgesperrt, die Auseinandersetzung mit ihr nur verschoben. Aber die ‹Burg› kann auch eine Pflegestätte für anteilnehmendes Interesse sein, ein Interesse, das auch der Angst selbst als einer *Lebenstatsache* gebührt. Es ist nicht die Angst, sondern die *Angst vor der Angst*, die den Menschen mit sich selbst entzweit.

3. Wie erleben wir uns in der Angst?

Die vorstehenden Ausführungen bedürfen an dieser Stelle, damit keine Missverständnisse entstehen, einer Ergänzung. Häufig wird die Angst – mit Recht – als ein Zustand beschrieben, der «immer zusammen(hängt) mit dem Getrenntsein, mit dem Abgeschnürtsein»[17], also eigentlich mit einer Einsamkeitserfahrung. Demgegenüber habe ich beschrieben, wie gerade das Sich-Zurückziehen in eine Art Einsamkeit nötig ist, um die Angst aus innerer Sammlung heraus zu verwandeln. Auch wird in vielen Darstellungen eine bestimmte Seite der Angstsymptomatik hervorgehoben, nämlich das Erstarren, Kaltwerden, die Isolation und «Bedrohung in der Einengung».[18] Daraus folgern die Autoren – wiederum mit Recht –, die Angst habe eine *zusammenziehende* und damit auch *verhärtende* Tendenz; demgegenüber habe ich von ‹Verflüssigung› gesprochen, vom ‹Sich-Verlieren› an die Umgebung, dies übrigens im Einklang mit einer Darstellung Rudolf Steiners, wo von «seelischem Ausrinnen» die Rede ist,[19] also von einem auf der seelischen Seite dem körperlichen ‹Ausrinnen› (Harndrang, Schwitzen, Durchfall) *entsprechenden* Vorgang.

Aber man kann sich genauso gut auf Steiner berufen, wenn man die andere Seite mehr betont, das «Zurückzucken» des Ichs, äußerlich sichtbar als Erbleichen, also das Sich-Zusammenziehen des Blutes im Zentrum, wie er es in der *Okkulten Physiologie* (im Unterschied zum Erröten bei der Scham) beschreibt.[20] Auch vom Wortstamm her (lat. angustiae = Enge; mittelhochdeutscher Vorläufer von ‹Angst›: ‹die angest›) werden wir darauf verwiesen. Liegt hier ein Widerspruch vor? Ist von unterschiedlichen Formen oder Graden der Angst die Rede? Der scheinbare Widerspruch löst sich auf, wenn wir zum einen bedenken, dass es in der Tat von der latenten Angststimmung bis zum Panikanfall eine ganze Skala von verschieden schweren und auch unterschiedlich gearteten Angstzuständen gibt[21] und die unmittelbare

Schockreaktion (Angststarre) natürlich ein anderes Bild abgibt als beispielsweise die nervös-fahrige, schwitzende Aufgeregtheit vor einer Prüfung. Zum anderen zeigt sich, wenn wir den Angst*prozess* genauer betrachten, dass beide Aspekte, der auflösende und der zusammenziehende, der weitende und der beengende, in einer direkten Wechselwirkung miteinander stehen. Sowohl Hitzewallungen als auch Kältegefühle gehören zur Angstsymptomatik, sowohl erhöhte Aufmerksamkeit und überscharfe (Selbst-)Wahrnehmung als auch Benommenheits- und Ohnmachtsgefühle mit Wahrnehmungseintrübungen. Angst führt, was auch Rudolf Steiner bestätigt, einerseits zu einem gesteigerten Ich-Erlebnis, andererseits zu sogenannten Depersonalisationserscheinungen, zu dem Gefühl, ‹nicht mehr da zu sein›. Man kann mit Karl König von einer «Lockerung der Seele» (Auflösungstendenz) sprechen, aber mit demselben Recht auch von dem «In-die-Enge-Treibenden» (Hessenbruch) der Angst.

Die *Wechselwirkung* besteht darin, dass die Angst in statu nascendi, im Augenblick ihrer Entstehung, das Ich gleichsam aus den Angeln hebt, die Grenze zwischen Ich und Welt ins Wanken bringt. Jetzt empfinden wir mit tiefem Erschrecken die Gefahr, uns zu entgleiten, uns aufzulösen, im «Raum des Dis-magare, der Ohnmacht» (Hicklin) unser Eigensein, das heißt unseren leiblich-seelischen Zusammenhalt zu verlieren, in letzter Konsequenz: zu sterben. Das ist, genau betrachtet, der Zustand, in dem die Angst selbst zur Beängstigung wird. Zuerst ist der Eindruck da – es kann auch ein Vorstellungsinhalt, ein inneres Bild sein, das ‹Eindruck› auf uns macht, der, wie Rudolf Steiner in den *Psychosophie*-Vorträgen ausführt, vom spontanen (Empfindungs-)Urteil nicht zu umgreifen ist, weil «sozusagen auf unser Seelenleben ein (solcher) Eindruck gemacht wird», dass «wir … nicht gleich mit unserem Urteil der Sache gewachsen sind».[22] Urteilend einer Sache gewachsen sein, was heißt das? Es heißt, dass wir imstande sind, den betreffenden Eindruck, bevor er mit ganzer Kraft ins seelische Erleben durchschlägt, gleichsam *aufzuhalten, zurückzudrängen* und uns *dann* wieder initiativ auf ihn zuzubewegen. Dieses Initiative-Entwickeln in der Begegnung mit starken Eindrücken, mit Eindrücken überhaupt, ist Ich-Tätigkeit par excellence! Dadurch entwickeln wir Selbstgefühl, Selbstbewusstsein. Es entsteht im Laufe des Lebens durch diese ständige Korrespondenz zwischen Beeindrucktwerden, Zurückweisung und Initiative eine Art elastische Ich-Welt-Grenze als Seelengrenze, die mit der Körper- beziehungsweise Hautgrenze deshalb in Zusammenhang steht, weil die Sinnesorgane als Einfallstore der Außenwelt an der Leibesperipherie angesiedelt sind. In Hinsicht auf intrapsychische Vorgänge werden an der Seelengrenze die aus dem Unbewussten heraufdrängenden Eindrücke zurückgewiesen. Rudolf Steiner hat hierfür als physiologische Ortsangabe (wie im Verhältnis zur Außenwelt die Haut) einmal das Zwerchfell erwähnt.[23]

Jeder weiß aus der Selbstbeobachtung, wie bestimmte Eindrücke, gleich ob von außen oder von innen kommend, so geartet sein können, dass die Ich-Welt-Grenze oder – das ist der andere Aspekt – die Grenze zum nicht ich-ergriffenen Unbewussten instabil wird. Der gewöhnliche Vorgang des Zurückdrängens und Initiativwerdens gelingt nicht. Wir bekommen Angst, weil wir «nicht gleich mit unserem Urteil der Sache gewachsen sind». Es ist eine Überrumpelung. Die

Angst entsteht zunächst im unmittelbaren Gewahrwerden des Sich-nicht-mehr-Abgrenzen-Könnens. Der Eindruck ‹schlägt durch›, es entsteht buchstäblich ein Riss in der beschriebenen Schutzschicht, das Selbst droht aus seiner Verankerung gerissen zu werden und durch den ‹Riss› (wir sprechen jetzt natürlich in Bildern) nach außen zu zerrinnen, sich im Umkreis zu verlieren. ‹Sich hinreißen lassen› ist ein geläufiger Ausdruck, der den Sachverhalt gut umschreibt. Man lässt sich ‹hinreißen› vom Zorn, von einer Begierde, von der Angst – immer ereignet sich eine durch starke Eindrücke hervorgerufene emotional-affektive Überreaktion. Und auch wenn es ein Zornausbruch ist oder ein begierdenhaftes Nicht-mehr-an-sich-Halten-Können, also nicht *primär* eine Angstreaktion, ist doch die Angst beteiligt. Es gibt keinen Zustand der inneren Haltlosigkeit, der nicht von einem mehr oder weniger deutlichen Angsterlebnis begleitet wäre. Das rührt daher, dass in allen diesen Fällen der Vorgang der Urteilsbildung, wie wir ihn oben charakterisiert haben – Zurückdrängung und intentionales In-Verbindung-Treten –, vereitelt wird: Die Grenzen verschwimmen; wir sind preisgegeben.

Es macht keinen Unterschied, ob wir an dieser Stelle davon sprechen, die Außenwelt flute ungehemmt herein, oder ob wir sagen, das Selbst drohe sich nach außen zu verlieren. Es ist beides der Fall. Der *Grenz-Sinn,* zu verstehen als die Selbstbewusstsein begründende Erfahrung, in sich und gegenüber der Außenwelt *ein geschlossenes Wesen* zu sein (in einer neueren Publikation wird interessanterweise der Begriff ‹Haut-Ich› eingeführt[24]) versagt. Diese Grunderfahrung der – wie wir es von der anthroposophischen Sinneslehre her ausdrücken würden – ins Seelische metamorphosierten Tastsinn-Wahrnehmung[25] gleicht, um mit Karl König zu sprechen, einem «Hafen, in dem das Schiff unserer Seele verankert ist». Nun aber «treibt das Schiff dahin ohne richtigen Halt, und der Nebel der Angst steigt auf». Das ist der ‹Weitungs›- oder auch Formauflösungsaspekt im Entstehungsmoment der Angst. Der hier urbildlich beschriebene Vorgang kann sich als schockartiges Auf- und Losgerissenwerden abspielen, aber auch in viel feinerer Art als stetig quälendes Gefühl des Bedrohtseins von Auflösung, also von *Identitätsverlust.* In beiden Fällen gilt: Zuerst ist der nicht zu bewältigende Eindruck da – oder die immer wiederkehrende nicht zu bewältigende Vorstellung – und löst unmittelbar Angst aus. Das ist die Stufe des *Angstausbruchs* oder auch der *Angstsensation.* Es folgt die Wahrnehmung der Zustandsveränderung, der wir innerlich unterworfen sind. Wir haben Angst, weil wir spüren, was die Angst mit uns tut. Wir können hier von der Stufe der *Angstausbreitung* sprechen oder eben auch von der Stufe der *Angst-Angst,* der ‹Angst vor der Angst›. Etwas überspitzt ausgedrückt: Der Angstsensation folgt auf dem Fuß, in der Regel natürlich nur ganz unterschwellig, die Todesangst (Identitätsverlust). Es soll uns an diesem Punkt noch nicht beschäftigen, was es damit auf sich hat, wenn diese *Angst-Angst*-Verfassung bei einem Menschen chronifiziert, sodass es keiner besonderen Anlässe mehr bedarf, um sie auszulösen. Halten wir zunächst nur fest, dass es so sein kann.

Bis zu diesem Punkt sind wir tatenlose Zuschauer des Geschehens, das sich gleichwohl in uns selbst abspielt, und jetzt erst erfolgt eigentlich das, was wir *Angstreaktion* nennen und in aller Regel (wie gesagt: mit vollem Recht) bei der Beschreibung von Angstzuständen in den Vordergrund gestellt finden. Jetzt kommen wir erst zu der Frage nach den *Abwehr- oder Bewältigungsmöglichkeiten,* zu denen wir im Zustand der Angstausbreitung bewusst greifen oder uns wiederum unbewusst hinreißen lassen können. Denn was tut man natürlicherweise, wenn man sich aufzulösen droht? Man zieht sich zusammen, zieht sich in sich selbst zurück, sei es panisch-reflexartig, sei es in einem intentionalen Akt der inneren Sammlung.

Wenn uns Letzteres, aus welchen Gründen auch immer, nicht rechtzeitig gelingt, artet die ihrer Eigendynamik überlassene Angstreaktion in einen destruktiven, ja auto-aggressiven Prozess aus. Die Seele, und mit ihr der Körper, krampft sich im Zentrum zusammen, das Blut strömt zentripetal zurück, wird also von der Peripherie zur Mitte gerissen, man erbleicht, wird kalt. Es ist, als würden alle Wärme- und Willenskräfte schlagartig eingeholt, um einen engen Ring zur Verteidigung des *Innersten* zu bilden, das unter keinen Umständen beschädigt werden oder verloren gehen darf. Der ganze Mensch ist nun im Verhältnis zur Umgebung eine einzige Antipathiegebärde und in der Tat abgeschnürt, in die Enge getrieben, gefangen.

Man sitzt in der Falle, und auch dies erzeugt wiederum Angst! Erstickungs- und Würgegefühle, periphere Kälte, Taubheit der Gliedmaßen, Herzschmerzen und so weiter sind Symptome der *Angstverkrampfung,* die wir, wenn auch in der Lebenswirklichkeit alles in Sekundenbruchteilen aufeinander folgt, unterscheiden müssen von den Vorstadien des *Angstausbruchs* (Angstsensation) und der *Angstausbreitung* (Angst-

Angst). Jetzt ist es, als habe sich eine Faust ums Herz geschlossen und drücke langsam zu. Der verfehlte Versuch, sich gegen die Angst, die zu Anfang *Auflösungsangst* war – *jede* Angst ist zu Anfang Auflösungsangst! – im Inneren zu sammeln, beschwört die «Bedrohung durch die Ein-Engung, die Abschnürung, Isolierung» (Hessenbruch) herauf. Die Einsamkeit, Beziehungslosigkeit könnte größer nicht sein. Aber wir müssen dabei immer berücksichtigen, dass das extreme In-sich-zurück-geworfen-Werden die *Folge* einer nicht minder extremen Offenheit, Ungeschütztheit (und damit auch Verletzlichkeit), also eines *Übermaßes* an Beziehung ist. «Seelisches Wundsein» hat Rudolf Steiner den Zustand genannt, der uns angst*anfällig* macht.[26] Ein zu starkes Einbezogensein in Vorgänge, gegen die eine gewisse Abgrenzung nötig wäre, ist der Ursprung. Der Verlust von Beziehung und Zusammenhang ist die Folge. Im Gewahrwerden dieses Verlustes jedoch erreicht das Drama der Angst seinen Höhepunkt. Dass wir auf der anderen Seite nur deshalb überhaupt in die Gefahr einer bis zur Schmerzgrenze gesteigerten Einbezogenheit kommen, weil wir herausgeworfen worden sind aus der Geborgenheit im Mutterleib, dann aus dem (hoffentlich) behüteten Dasein der ersten Kindheitsjahre, herausgeworfen also aus einer Sphäre des grenzenlosen Vertrauens, die uns später nur noch im *Schlaf* zugänglich ist, versteht sich von selbst. Der Verlust dieser Rückverbindung ist es ja gerade, der uns nötigt, ‹nach vorn› in Beziehung zu treten mit den Dingen und Wesen *dieser* Welt, und hier wurzelt in der Tat die Angst als eine menschlich-allzumenschliche Erschwernis dieses In-Beziehung-Tretens, die, wenn sie nicht bewältigt wird, im Beziehungs*verlust* enden kann.

Es ist also wahr, dass wir den Menschen im Angstzustand vor uns haben als einen, dessen Problem die Einsamkeit ist, das ‹Sich-nicht-im-Zusammenhang-Befinden›, wie es Michaela Glöckler ausdrückt. Das kleine Kind, das «seine ersten Erfahrungen der elementaren physischen Gefahren (macht), des Schmerzes, der ebenso gut aus einem unbegreiflichen Inneren kommen wie von Dingen oder Geschöpfen ausgehen kann»,[27] erlebt sich in der *Ausgesetztheit.* Es ist die Grunderfahrung von *Befremdung* – nur das Fremde, womit ich nicht verbunden bin, kann mir wehtun –, die immer wieder mit der Angst heraufkommt. Das Erlebnis der Getrenntheit hat zwei Seiten. Es ist die Quelle allen seelischen Schmerzes, allen Daseinszweifels (‹Zwie-falt›), aber auch tief empfundene Notwendigkeit, denn das Beziehung *schaffende* Zugehen auf die Welt setzt die Einsamkeitserfahrung voraus.

Es ist wahr, dass ein Mensch, der nicht nur in dieser oder jener Situation von Angst gepackt wird, sondern erleben muss, dass sich seine Grundverfassung mehr und mehr in eine Angstverfassung hineinentwickelt und sein Verhältnis zur Welt und zum eigenen «unbegreiflichen Inneren» zunehmend von Angst bestimmt wird, eine Tragödie der Einsamkeit durchleidet. Kaum ein Wort kommt in den Tagebüchern und Alltagsschilderungen unserer angstkranken Patienten häufiger vor als «hassen» oder, etwas milder, «nicht mögen», «nicht leiden können». Sie können tausenderlei nicht ausstehen, nicht riechen, nicht ertragen und sind umgekehrt überzeugt, für andere unausstehlich, abstoßend zu sein. Ihr Inneres ist ganz und gar auf Antipathie eingestellt. Der *Ekel* spielt eine beherrschende Rolle. Diese Menschen «in der Angstmühle» (Erni) finden aus dem Teufelskreis zwischen angstbesetzten Vorstellungen beziehungsweise Erwartungsstimmungen, Auflösungsängsten und Rückzug in die innere Isolierzelle, wo sie wiederum nur ihren Angstvorstellungen begegnen, keinen Ausweg mehr. Weil, wie Hicklin schreibt, «die Angst und das Unheimliche, die vorerst draußen waren, unaufhaltsam durch das dickste Gemäuer sickern, wie sie dies bei jeder gewohnheitsmäßigen Vermeidungshaltung tun».

Ebenso gilt jedoch, dass das einzige Mittel, die Angst zu erlösen – wegweisend für Erziehung, Selbsterziehung und Therapie – die Bejahung und das Erüben einer anderen, frei gewählten Form von Einsamkeit ist. «Es ist von größter Bedeutung», schreibt Helmut Hessenbruch, «dass uns klar wird, dass Angst ein notwendiges Gespinst ... ist, denn ohne Einengung ist kein abgesondertes Eigen-Sein (also keine Ich-Werdung) möglich. Es ist daher auch nicht verwunderlich, dass das erweckte Ich, sobald es im Menschen rege wird, aus seinem eigenen Wesen heraus sich nach der Enge sehnt, nach dem Sich-Absondern und der darin möglichen Sammlung.» Die frei gewählte, ‹höhere› Einsamkeit des In-sich-selbst-Gegründetseins – aber nicht Gefangenseins! – ist die wahre Alternative zur angstverursachten *Flucht in die Einsamkeit.*

4. Zusammenfassung

Angst gehört zu unserem Leben als eine selbstverständliche Reaktion auf Eindrücke, Begegnungen und Anforderungen, denen wir nicht gewachsen sind. Ihr gegenüber eine Haltung der Feindseligkeit, des Vermeidenwollens um jeden Preis zu entwickeln, führt letztlich zum Hass auf sich selbst und die Welt. Wir werden, wenn wir uns nicht um eine Befreundung mit der Angst bemühen, das heißt um einen inneren Weg, der uns hilft, ihre positiven Seiten in unsere Lebensplanung sinnvoll einzubeziehen, auf Abwege der Verleugnung und Verdrängung, des antisozialen Verhaltens, der Vereinsamung, intellektuellen Überhebung und Verführbarkeit durch betrügerische Bewältigungsangebote geraten.

Wir haben demgegenüber festgestellt, dass es immer unproduktiv ist, einen Tatbestand zu denunzieren, der schlechterdings zur *Grundausstattung* des Menschen und der Welt gehört, und uns vorgenommen, die Angst nicht zu verurteilen, sondern zu untersuchen. Dabei ist uns an einfachen Beispielen – unserer Fähigkeit, ‹vorsichtig› zu sein; der Angst, jemanden zu verletzen – deutlich geworden, dass in der Angst selbst, nicht nur in ihrer ‹Überwindung›, positive Entwicklungskräfte liegen. Statt immer von ‹Bezwingung› im Sinne von Bekämpfung zu sprechen, täte man besser daran, nach den *Bewältigungs-* oder auch *Erlösungs*möglichkeiten zu fragen. Wie kann uns die Angst dienen, wo tut sie es vielleicht längst, ohne dass wir uns dessen bewusst sind? Ist sie wirklich nur eine lästige Unpässlichkeit, ein ‹Feind der Seele›?

Wir folgen Alois Hicklin (und anderen) in der Auffassung, dass die Angst erst pathologisch wird, wenn wir in ihrer Bewältigung überfordert sind und ihren Sinn, ihre Aufforderung nicht verstehen. Sinnvolle Bewältigung heißt jedoch immer ‹Einfügung›, Einbezug, in gewisser Hinsicht Befreundung.

Versucht man, den Angstprozess etwas schärfer ins Auge zu

fassen, fällt auf, dass es neben dem eigentlichen und zunächst ganz selbstverständlichen Angstereignis noch ein anderes Phänomen gibt: die *Angst vor der Angst,* mit der alle oben erwähnten Flucht- und Abwehrhaltungen zusammenhängen. Bei objektiver Betrachtung schiebt sich das Problem unseres *Verhältnisses zu* und unseres *Umgangs mit* der Angst gegenüber ihrem bloßen In-Erscheinung-Treten immer mehr in den Vordergrund. Das Beispiel der Interaktion zwischen Mensch und Natur führt uns zum Begriff des ‹Heims›, der ‹sicheren Burg›. Dort finden wir Schutz vor äußeren Gefahren und stehen zugleich vor der Alternative, die Zufluchtsstätte zur Festung auszubauen, zum Ort der Verbarrikadierung und Isolation, oder von hier aus *anteilnehmendes Interesse* zu entwickeln an den Vorgängen, die vormals bedrohlich waren. Lässt sich dieses Beispiel auf die menschliche Innenwelt übertragen, auf unseren Umgang mit den ‹Naturgewalten› der Seele, zu denen die Angst gehört?

Im Licht dieser Frage wird das Phänomen ‹Angst vor der Angst› anschaulicher. Die Angst ist zunächst eine Art innerer Wetterumschwung, von dem man unvorbereitet getroffen wird. Ganz ähnlich wie bei einem plötzlich losbrechenden Unwetter überkommt uns ein Gefühl von Schwäche und Nichtigkeit gegenüber dieser Elementargewalt. Wir haben Angst, von ihr ausgelöscht zu werden. Jetzt ist die Angst-Angst da, und man spürt, dass alles davon abhängt, einen inneren Ort der Sicherheit und Überschau zu finden. Wir haben anhand eines alltäglichen Beispiels gezeigt, wie unter der Führung bestimmter, ordnender und zielrichtender Gedanken eine ‹Sammlung› erreicht werden kann, die der Zerstreuungs- oder auch Auflösungstendenz der Angst so entgegenwirkt, dass zunächst die Außenwelt vollständig zurückgedrängt wird und eine Rückbesinnung auf das ‹Ich-bin›, ‹Ich-will› stattfindet. Aus diesem Zustand des *hellwachen Schlafens* treten wir an die gestellte Aufgabe einerseits mit einem *gezügelten Kräfteüberschuss* heran, der sich belebend, engagierend auswirkt, andererseits mit einer *erhöhten Sensibilität,* die wir der verwandelten Angst verdanken.

Wenn die Sache so verläuft, ist es gelungen, die Angstdynamik an einer bestimmten Stelle zu unterbrechen. An welcher Stelle? Man kann den Prozess in drei Stadien untergliedern. Zwei davon sind uns schon bekannt: das Stadium des *Angstausbruchs* und dasjenige der *Angst vor der Angst* beziehungsweise der *Angstausbreitung.* An diesem Punkt wird *jede* Angst zur *Auflösungsangst.* Wenn es nun hier nicht gelingt, in der beschriebenen Art vom Ich her ordnend, ‹sammelnd› einzugreifen, also in sich selbst einen Zufluchtsort zu finden, erfolgt schließlich die Panikreaktion, die *Angstverkrampfung,* als verfehlter Bewältigungsversuch. Dadurch aber wird keine Sammlung erreicht, sondern eine Verbarrikadierung in qualvoller innerer Enge. Bei Menschen, die sich im Stadium der Angst-Angst nie zu helfen wissen, denen es also nicht gelingt, im Augenblick des Wankens der Ich-Grenze jenes Zurückdrängen der Außenwelt willentlich zu bewerkstelligen, wird das Gefangensein in sich selbst zur Tragödie.

So steht der angstverursachten Flucht in unfreiwillige Einsamkeit das Erüben einer ‹höheren› Einsamkeit des In-sich-selbst-Gegründetseins gegenüber. Nicht durch Selbsteinkerkerung bewältigen wir die Angst, sondern durch die interessevoll-teilnehmende Neuorganisation des Weltverhältnisses aus sicherem Abstand. Der eher Mutige unterscheidet sich vom Ängstlichen oder gar Angstkranken nicht dadurch, dass er etwa *keine Angst* hätte, sondern der Unterschied besteht einzig darin, dass es dem einen gelingt, die Angst *einzubeziehen* und zu *verwandeln,* dem anderen hingegen nicht. Dies wird uns noch weiter beschäftigen und später auch auf die Kindheit zurückverweisen. Entscheidend ist, dass wir nicht versuchen, die Angst «zu verdrängen, sie zu betäuben oder zu überspielen und zu leugnen», wie Fritz Riemann schreibt, sondern Wege suchen, «sie zu ertragen und … vielleicht für unsere Entwicklung fruchtbar zu machen».[28] Dazu müssen wir ihr Wesen ergründen. Solange wir sie jedoch nur anfeinden, wird sie sich unseren Ergründungsbemühungen widersetzen. Das ist ein viel zu selten beachtetes Gesetz aller Seelenwissenschaft.

II.

Die Un-heimlichkeit des Seins.
Der Mut zur Niederlage

1. Ist ‹Leidensfreiheit› ein lohnendes Ziel?

In Hinsicht auf unsere Feststellung, dass Angst unter der Führung und Für-Sorge eines gut gefügten Selbstvertrauens zur hilfreichen und durchaus die Lebensqualität *erhöhenden* Wegbegleiterin werden kann, gibt es wohl keine eindrucksvolleren Erfahrungen, als man sie in der Begegnung mit Menschen machen kann, bei denen wesentliche Teile des Umwelt- und Sozialbeziehungen regulierenden Angst‹systems› ausgefallen oder durch künstliche Mittel, zum Beispiel Drogen, abgeschaltet worden sind.

Angst ist ja zum Beispiel auch ‹Scheu›, und wie jeder weiß, ist der Umgang mit einem im besten Sinne ‹scheuen› Wesen etwas sehr Angenehmes, Anrührendes, ein Urbild geradezu, an das sich Assoziationen von Unschuld und Reinheit knüpfen. Es wäre viel gewonnen, wenn jeder von uns ein Stück von seiner kindlichen Scheu hinüberretten würde in die Erwachsenenjahre, und die Behauptung, ein scheuer Mensch könne nicht zugleich ein selbstbewusster, lebenstüchtiger Mensch sein, beruht lediglich auf mangelnder Beobachtungsgabe. Man nimmt, wenn man so etwas sagt, zudem einen durch unsere ‹Ellenbogengesellschaft› verursachten Nachteil für eine Wesens- oder Charakterschwäche. Dann könnten aber genauso gut Hilfsbereitschaft oder Warmherzigkeit als Schwächen bezeichnet werden. Ich weiß, man neigt heute häufig zu solchen Fehlurteilen, oft hinter scheinbar plausiblen, bei näherem Hinsehen jedoch recht fragwürdigen Gleichungen versteckt (‹mangelndes Durchsetzungsvermögen = Ich-Schwäche›), aber wir wollen mit Entschiedenheit nicht in dieses Horn blasen. Mir sind etliche, eher scheu-zurückhaltende, also in gewisser Hinsicht ängstliche Menschen bekannt, die Hervorragendes leisten, aber auch solche, bei denen es wehtut zu beobachten, wie sie in unserer auf rücksichtslose Naturen zugeschnittenen Welt durch ihre liebenswürdige Wesensart ständig daran gehindert sind, zur Geltung zu bringen, was in ihnen liegt. Ich werde mich hüten, sie der Ich-Schwäche oder dergleichen zu bezichtigen. Man sollte gelegentlich darüber nachdenken, ob nicht mancher ‹Brecher›, der sich nimmt, was er will, in Wirklichkeit unter Ich-Schwäche leidet. Ein ergiebiges Thema!

Die Begegnung mit Menschen, denen in eklatantem Maße alles abgeht, was mit Scheu, Zurückhaltung, zartfühlendem Umgang und so weiter zusammenhängt, ist, wie gesagt, eindrucksvoll. Man erlebt unmittelbar, welche Beeinträchtigung dies für den Betroffenen bedeutet und welche Probleme im sozialen Miteinander daraus entstehen. Kinder zum Beispiel, die keine gesunde Angstschwelle kennen, sind nicht weniger schutz- und förderungsbedürftig als diejenigen, die unter übermäßigen Ängsten leiden. Sie fallen überall unangenehm auf, verletzen sich dauernd, rennen blindlings in jede Gefahr und so weiter. Wo die Angstschwelle durch künstliche Mittel ständig niedergerissen wird, also etwa durch Drogen mit speziell entängstigender und damit auch enthemmender, Omnipotenzgefühle erzeugender Wirkungsweise (Kokain, Amphetamine, Crack und andere), bricht buchstäblich alles zusammen, was mit sozial-zwischenmenschlicher Sensibilität, Rücksichtnahme, Mitgefühl und Verständnis zu tun hat. Es ist bekannt, dass unter dem Einfluss solcher Drogen im Vietnamkrieg aus einfachen GI's euphorisierte Mordmaschinen wurden. Wir müssen diesen Zusammenhang stets im Auge behalten: Wenn die Angst ‹abgeschaltet› wird, sind davon auch alle Bereiche betroffen, in denen *verwandelte* Angst als soziales Vermögen, verfeinertes Empfinden, Behutsamkeit des Handelns und so weiter lebt; und wenn sich Angst gar nicht erst in der richtigen Weise als ‹Regulativ› entwickelt, ist der Mensch in stärkerem Maße beeinträchtigt, als man sich das normalerweise vorstellt. In nahezu allen mir bekannten Publikationen zum Angstthema, von denen es ja heute nicht wenige gibt, fehlt jeder Hinweis auf diesen Umstand, auch jeder Hinweis auf die Phänomene der verwandelten Angst, ohne deren Berücksichtigung wir, wie ich meine, vieles in einem falschen Licht sehen *müssen.*

Wer nicht zu den erwähnten Ausnahmeerscheinungen gehört, bei denen eigentlich eine Behinderungssituation vorliegt, und dennoch behauptet, niemals ängstlich zu sein, sagt die Unwahrheit – sei es mit Bedacht oder sei es, weil er in Täuschungen über sich selbst lebt. Ein vollkommen gegen die Heimsuchungen der Angst immunisierter Mensch wäre in solchem Maße unbeeindruckbar und dadurch als empfindendes Wesen von der Außenwelt abgeschnitten – erinnern wir uns, dass die Angst in statu nascendi eine *gesteigerte*

Beeindruckbarkeit ist und erst die Angst*abwehr* in die Isolation führt –, so sehr den Bedingungen des physisch-sinnlichen Daseins entrückt, dass er uns nach einiger Zeit gar keine Auskunft mehr geben könnte über seine innere Befindlichkeit. Wir wüssten nichts über ihn und könnten allenfalls aus seinem teilnahmslosen Schweigen folgern, dass er sich fernab von alledem aufhielte, was unser vielfältiges Verwobensein mit der Welt ausmacht. Unsere Empfindlichkeiten und Bedürfnisse, Hoffnungen und Enttäuschungen, Abhängigkeiten, Verantwortlichkeiten, die unvermeidliche Auseinandersetzung mit dem Tod, die jeder irgendwann leisten muss und niemand ohne Schmerz leisten kann, – von alledem wäre unser fiktiver ‹angstfreier› Mensch unberührt.

Es müsste für einen solchen «ganz und gar keine Leiden geben und auch der Tod nicht sein oder nichts Schreckliches für (ihn) haben» (Schopenhauer). Wenn dies einer außerordentlichen Individualität am Ende eines außerordentlichen Lebensweges weitgehend geglückt ist oder wir erfahren, dass manche Menschen inmitten unsäglicher Leiden über die Angst hinauswuchsen in eine Ruhe und Unanfechtbarkeit, die unser Fassungsvermögen übersteigt, können wir uns nur wortlos verneigen. Auch mag es erlaubt sein, an einzelne, schwere Behindertenschicksale mit der Frage heranzutreten, ob Rudolf Steiners Feststellung, sie seien Gott näher als wir ‹Normalen›,[1] wohl etwas damit zu tun haben könnte, dass sie sich jenseits der eigennützigen Ängste und alltäglichen Geizereien und Sicherungsmaßnahmen aufhalten, die wir um unser heiliges kleines Ego veranstalten.

Aber von solchen Ausnahmen abgesehen, über deren vielleicht doch vorhandene, vielleicht ‹höhere›, dem üblichen

Dafür- oder Dagegenhalten unzugängliche Angst zu spekulieren uns nicht zusteht, gilt für das gewöhnliche Leben, auch für das Leben herausragender Persönlichkeiten, dass die Begegnung mit der Angst unvermeidlich ist; und zwar ebenso unvermeidlich wie die Begegnung mit Schmerz, Trauer, Zweifel oder Scham, wobei die Angst unter den Emotionen auf der Erleidensseite unserer Existenz sicherlich die aktivste ist, auch wenn wir uns dessen nicht immer bewusst sind.

«Angst hat immer mit dem Gefühl der Un-heimlichkeit zu tun. Sie verweist auf den angstfreien Raum, das Heim, das Zuhause. Das Zuhause, das Heim, umfasst all das, was wir gewohnt sind und was uns vertraut ist, weil wir an diesem Ort ... auf uns, unsere Erfahrung und unsere erlernten Fähigkeiten vertrauen können. Das Zuhause ist der Beziehungsraum, den wir mögen und vermögen. – Mögen und vermögen kommt von ‹magan› und hat die nämliche Wortwurzel wie Macht. Zuhause, daheim sind wir, wo wir des Umgangs mächtig sind, wir ‹vermögen› ihn, wir sind ihm gewachsen und mögen ihn, auch im Sinne des Gernhabens. Daraus ergibt sich eine Abgrenzung gegenüber allem Unheimlichen, Unge-wohnten, Unver-trauten (Heidegger). Das ist dann jenseits dessen, was wir bisher mochten und vermochten, es ist der Raum des Dis-magare, der Ohnmacht.»[2]

Keiner, dem nicht bekannt wäre, wie es sich anfühlt, den Raum des Dis-magare zu betreten, also auf Situationen zuzugehen, die eine Handlungsherausforderung enthalten, von der man nicht weiß, ob man ihr gewachsen sein wird. Darin schwingt immer, sei es auch ganz untergründig, eine Ohnmachtsempfindung mit, auch und gerade wenn es gelingt, den *Mut* zum Schwellenübertritt aufzubringen. Denn Mut ist ja nichts anderes als der Entschluss, sich des Un-heimlichen zu *bemächtigen;* das Fremde *einzuholen* in den «Beziehungsraum, den wir mögen und vermögen». Mut erwächst aus dem Ohnmachtserlebnis. Die Stimme des Mutes sagt zum Beispiel: «Ich bin mir nicht sicher, wie ich damit umgehen soll, ich muss es probieren.» Oder: «Damit habe ich keine Erfahrung, ich muss mich einarbeiten.» Die Antwort auf die Konfrontation mit dem *Fremden* oder *Befremdlichen* ist hier der Willensimpuls, den eigenen Handlungsspielraum zu erweitern. Dieser Willensimpuls entzündet sich *immer* an der Angst, und die Angst wird, mitgenommen oder hineinverwandelt in die Tat, zur *Vor-sicht,* zum *Vor-behalt.* Der Mut unterscheidet sich von der Tollkühnheit dadurch, dass in ersterem die erlöste Angst mitwirkt.

Jede unvertraute Situation, in der wir uns bewähren müssen, sei es handelnd oder ertragend, ist deshalb eine Gefahr, weil wir nicht wissen, ob wir uns bewähren *können.* «Darum», schreibt Alois Hicklin, «geht es in der Angstgestimmtheit zunächst und in der Hauptsache gar nicht um diese oder jene Gefahr, sondern um die der Gefahr inhärente Konfrontation mit unserem Handlungsspielraum». Wer sein Leben nicht in monotonem Gleichmaß veröden lassen will, muss also, auch von dieser Seite her betrachtet, in einem gewissen Umfang *die Angst bejahen,* mehr noch: *suchen.* Wir können uns nicht entwickeln, wenn wir nicht bereit sind, die Konfrontation mit den Grenzen unseres Handlungsspielraumes immer wieder als Bewährungsprobe anzunehmen und das damit verbundene Risiko zu akzeptieren.

Wer sich völlig dagegen wappnen will, in dieser oder jener

Situation zu scheitern, wird auf der ganzen Linie scheitern, denn Mut ist *zuerst* Mut zur Niederlage. Deshalb kommt, wo die Vermeidung von Niederlagen zur Lebensmaxime wird, der Mut mehr und mehr abhanden.[3] Es ist ein bemerkenswerter Umstand, dass gerade dann, wenn Sicherheit zum Selbstzweck wird, ein Treibhausklima für Angst entsteht. Dies lässt sich sowohl an Einzelbiographien als auch an gesellschaftlichen Entwicklungen aufzeigen. Mut zur Niederlage ist ‹Mut zur Angst›. Die Angst vor der Angst macht uns zu apriorischen Versagern: Wir scheitern an einer Aufgabe, bevor wir sie noch in Angriff genommen haben.

«Angst tritt immer dort auf, wo wir uns in einer Situation befinden, der wir nicht oder noch nicht gewachsen sind. Jede Entwicklung, jeder Reifungsschritt ist mit Angst verbunden» – worauf wir im Hinblick auf die Kindheit noch zu sprechen kommen –, «denn er führt uns in etwas Neues, bisher nicht Gekanntes und Gekonntes, in innere oder äußere Situationen, die wir noch nicht und in denen wir uns noch nicht erlebt haben. Alles Neue, Unbekannte, erstmals zu Tuende oder zu Erlebende enthält, neben dem Reiz des Neuen, der Lust am Abenteuer und der Freude am Risiko, auch Angst. Da unser Leben immer wieder in Neues, Unvertrautes und noch nicht Erfahrenes führt, begleitet uns die Angst immerwährend. Sie kommt am ehesten ins Bewusstsein an besonders wichtigen Stellen unserer Entwicklung, da, wo wir alte, vertraute Bahnen verlassen müssen, wo neue Aufgaben zu bewältigen oder Wandlungen fällig sind. Entwicklung, Erwachsenwerden und Reifen haben offenbar viel zu tun mit Angstüberwindung»[4] – oder besser, um unserer in Kapitel I getroffenen Wortwahl treu zu bleiben: Angstbewältigung.

‹Lebensqualität› ist etwas anderes als materieller Wohlstand, äußere Sicherheit und höchstmögliche Leidensfreiheit im Sinne von Vermeidung äußerer Widrigkeiten. Diese können einen *Rahmen* für Lebensqualität bilden, aber ebenso gut auch einen Rahmen für Depressionen, Selbstzweifel, Einsamkeit und Angst. Das Versagen des *Utilitarismus* als philosophischen Konzepts [5] hängt damit zusammen, dass er die Vermeidung von Unglück mit Glück gleichsetzt, also dem Glück keine eigene, substantielle Bedeutung zugesteht, die möglicherweise nicht in der Vermeidung, sondern gerade in der *Meisterung* von Widerständen liegen könnte, im *Bestehenkönnen* vor den Gefahren des Verletzt-, Geängstigt- und Enttäuschtwerdens, also darin, immer wieder mit Vorsatz die *Sicherheitszone* des je schon Vertrauten und Erübten zu überschreiten. «Die Frage des wünschenswerten oder gar notwendigen Schmerzes oder Leidens muss klar gesehen werden», schreibt Abraham H. Maslow und fährt fort: «Ist Wachstum und Selbstverwirklichung ohne Schmerz, Leid, Kummer und Aufruhr überhaupt möglich?»[6]

2. Vom wahren Wohlstand oder: Jeder ist mal ein Feigling gewesen

Wenn wir unter Lebensqualität nicht die Mehrung des materiellen, sondern des geistig-seelischen Wohlstandes verstehen, nicht Anhäufung von Gütern, sondern Entwicklung von Fähigkeiten und Vertiefung von Erfahrungen, nicht den

Aufbau eines immer undurchdringlicheren äußeren Befestigungssystems, sondern Urteils- und Handlungssicherheit auch in ungewohnten Situationen, nicht einen möglichst hohen Rang in der Hierarchie zwischenmenschlicher Abhängigkeiten, sondern soziale Kompetenz und Liebefähigkeit, dann ist ohne weiteres einzusehen, dass schlechterdings *nichts*, was einem Menschenleben Sinn und Würde verleiht, ohne den *Mut zur Angst*, der, wie wir gezeigt haben, eng mit dem *Mut zur Niederlage* zusammenhängt, gewonnen werden kann. Wir sprechen, um es noch einmal zu wiederholen, vom ‹Mut zur Angst› im Gegensatz zur ‹Angst vor der Angst›. Die Frage ist: Sind wir bereit und fähig, uns der Angst, die im ‹Raum des Dis-magare› unvermeidlich lauert, zu stellen und sie uns zur hilfreichen Wegbegleiterin zu ‹erziehen›? Angst «enthält einen Aufforderungscharakter», schreibt Riemann und fährt fort: «Das Ausweichen vor ihr und vor der Auseinandersetzung mit ihr lässt uns ... stagnieren.»

Jede neu zu ergreifende Aufgabe ist eine Bewährungsprobe, an der wir möglicherweise scheitern, sonst wäre es ja keine Bewährungsprobe. Das Problem des Scheiterns ist also untrennbar mit dem Anspruch auf persönliches Wachstum verbunden und damit auch mit jeder Art von Engagement und Idealismus. Wer sich *einbringt*, setzt sich zugleich aus! Erlebnistiefe ist nicht ohne Öffnung und Nähe möglich: Wir treten hinaus in die Ungeschütztheit, wo Beglückendes und Schmerzliches dicht beieinander liegen. Urteils- und Handlungssicherheit erwirbt niemand, ohne durch Irrtümer belehrt zu werden; und wer die «Kunst des Liebens» (Erich Fromm) erlernen will, muss vertrauen können, obwohl er weiß, dass Vertrauen schändlich missbraucht werden kann.

Mut bedeutet, dies alles in Betracht zu ziehen, die Angst vor dem Scheitern ins Gepäck zu nehmen und *dennoch vorwärtszugehen.* Hier kommt die soziale Dimension der Angstfrage ins Spiel – ein Problem, das, obgleich wir es hier nur streifen, von größter, ernster Bedeutung ist: Wie soll jemand den Mut zur Niederlage aufbringen, wenn er soundso oft, vielleicht schon als Kind, erlebt hat, dass Scheitern bedeutet, allein gelassen zu werden? Wer fängt den, der *gewagt und verloren* hat, menschlich, geschwisterlich auf? Warum verbuchen wir die *Niederlage zu seinen Ungunsten* und nicht *das Wagnis zu seinen Gunsten?* Kaum jemand macht sich ein rechtes Bild davon, was es für Kinder bedeutet, wenn sie sich in echtem Bemühen eine Aufgabe vornehmen, der sie, wie sich zeigt, nicht gewachsen sind, und nun für ihr misslungenes Werk Tadel oder Spott ernten! Es scheint, wenn man sich in der Welt umsieht, noch ein weiter Weg zu sein, bis sich die Erkenntnis durchgesetzt haben wird, dass Angstbewältigung in letzter Konsequenz eine unlösbare Aufgabe ist, wenn nicht einer dem anderen dabei hilft. Ganz neue Maßstäbe im Hinblick darauf, was den Wert eines Menschen ausmacht, müssten zum Tragen kommen. Ein Beispiel in Frageform: Wer verdient größere Bewunderung – derjenige, dem alles mit Leichtigkeit gelingt, oder der andere, der sich einige wenige Fähigkeiten unter größter Mühe und von Niederlage zu Niederlage erkämpft?[7]

Nehmen wir uns also vor, jeder an seinem Platz, die Anerkennung und den Respekt, die wir uns so sehr wünschen, auch für Bemühungen, die nicht zum Ziel geführt haben, zunächst einmal *anderen zukommen zu lassen.* Gelegenheiten dazu bieten sich in Fülle, wenn man sie nur wahrnehmen will. Der Mut zum Scheitern, auch das tatsächliche Erlebnis des Scheiterns oder Misslingens, ist ein wichtiger persönlichkeitsbildender Kraftquell, den auszuschöpfen jedoch um so schwerer fällt, je weniger wir uns der von Sieg oder Niederlage ganz unberührten Achtung unserer Mitmenschen sicher sein können. Über die Bedeutung von «Deprivation, Frustration und Tragödie» schreibt Maslow (vgl. Anm. 6): «Je mehr diese Erfahrungen unsere innere Natur offenbaren, stärken und erfüllen, desto wünschenswerter sind (sie). Es wird immer klarer, dass diese Erfahrungen etwas mit einem Sinn für … gesunde Selbstachtung und gesundes Selbstvertrauen zu tun haben. Ein Mensch, der nichts gemeistert, ertragen und überwunden hat, zweifelt auch weiterhin, dass er es *könnte.* Das gilt nicht nur für äußere Gefahren, sondern auch für die Fähigkeit, die eigenen Impulse zu kontrollieren und zu hemmen, um vor ihnen keine Angst mehr haben zu müssen.» Zweifellos trifft dies auch und nicht zuletzt für die ‹Angst-Angst› zu. Wenn ich nicht lerne, Angst auszuhalten, zweifle ich mehr und mehr, dass ich es *könnte.* Erich Fromm hat in diesem Zusammenhang versucht, einen modernen Glaubensbegriff einzuführen: «Aus dem Glauben heraus leben heißt *produktiv* leben. Glauben erfordert Mut. Damit ist die Fähigkeit gemeint, ein Risiko einzugehen, und auch die Bereitschaft, Schmerz und Enttäuschung hinzunehmen. Wer Gefahrlosigkeit und Sicherheit als das Wichtigste im Leben ansieht, kann keinen Glauben haben. (Wir) brauchen den Mut, bestimmte Werte als das anzusehen, was ‹uns unbedingt angeht›, den Sprung zu wagen und für diese Werte alles aufs Spiel zu setzen.» Um Missverständnissen vorzubeugen, fügt Fromm hinzu, nicht «der Mut des Nihilismus» sei gemeint, der «in einer destruktiven Einstellung zum Leben» wurzelt, «in der Bereitschaft, sein Leben wegzuwerfen». Dieser ‹Mut› sei «das genaue Gegenteil» der von ihm gemeinten, produktiven und angstbejahenden Einstellung, die er auch «Mut der Liebe», zum Leben, zum Mitmenschen, zu sich selbst, nennt.[8]

Die Neigung, Chancen der Wandlung und des Neubeginns ungenutzt verstreichen zu lassen, positive Herausforderungen nicht anzunehmen, Möglichkeiten der «Selbstvervollkommnung» (Maslow) aus Gründen der Angstabwehr zu ignorieren, Hilfeleistungen zu verweigern, wenn ein Risiko damit verbunden ist – diese Neigung kann jeder in sich finden. Rückblickend auf die wirklichen Qualitätssprünge in der eigenen Biographie wird man immer feststellen, dass der Durchbruch nur möglich ist, weil man im Augenblick der Entscheidung (‹Krisis›) von irgendwoher die Kraft bezog, der Angst nicht nur standzuhalten, sondern sie in den Dienst eines anderen, stärkeren Impulses zu nehmen. Andererseits wird uns die selbstkritische Rückschau auch Stationen unseres Lebens in Erinnerung rufen, wo wir zwar deutlich spürten, dass ein zukunftsöffnender Schritt fällig, die Bündelung der Kräfte auf ein neues Ziel nötig und möglich, das Standhalten in einem Konflikt, eine Verzichtleistung zugunsten eines Mitmenschen oder das Eingeständnis eines Irrtums gefordert gewesen wären, aber jener angstverwandelnde Impuls nicht zur Verfügung stand. Kurz und bündig: Jeder ist mal ein Feigling gewesen! Das ist kein Grund für reumütige Zerknirschung, denn die Vergangenheit ist unabänderlich; Grund aber vielleicht für den Vorsatz, eine Art Wiedergutmachung zu leisten, indem man das nächste Mal nicht vor der Angst wegläuft, sondern die Worte Rudolf Steiners beherzigt: «Man muss mutig sein und die Angst ertragen.»[9] Anders ist der wahre (innere) Wohlstand nicht zu erreichen.

3. Vom ‹inneren Gewissen›

Immer wieder werden wir durch unsere Betrachtungen zu einem Grundgedanken zurückgeführt: Das eine ist die Angst als Lebenstatsache, das andere ist unser Verhältnis zu ihr. Es gibt Niederlagen vielfältiger Art im Leben, kleine und große, es gibt die Angst *vor* Niederlagen, mit der wir leben lernen müssen, und es gibt die *Niederlage gegen die Angst.* Das ist vielleicht *die* Niederlage schlechthin, die ‹Mutter aller Niederlagen›, denn durch sie entsteht die Gefahr, dass das ganze Leben zur Niederlage wird: Die Angst vor der Angst zwingt uns zur Kapitulation.

Im konkreten Fall sind Niederlagen gegen die Angst oft verbunden mit und erkennbar an einem demonstrativen Hervorkehren des Einflusses und der Macht im vertrauten Beziehungsraum. Angst-Angst-Menschen sind unfreiwillige Tyrannen, Ordnungsfanatiker, besessen von der Idee, ihre mitmenschliche und dingliche Umwelt erziehen, disziplinieren, jederzeit überschaubar und kontrollierbar halten zu müssen. Deshalb wirken diese Menschen manchmal so stark, wenn man sie dort antrifft, wo sie sich ‹auskennen›. In Wahrheit sind sie geschwächt und verbittert, fühlen sich als Versager. Ihr Selbstwertgefühl ist erschüttert, nagende Zweifel am Sinn des Lebens rauben ihnen den Schlaf. Und es stellt sich die paradoxe Erfahrung ein, dass durch das Weglaufen vor der Angst, durch das dauernde Vermeiden potentiell angstbesetzter, aber im Grunde doch als wichtig, vielleicht notwendig erkannter Lebensschritte, gerade dasjenige sich immer mehr aufbläht, was im Keim erstickt werden soll: die Angst. Das Zurückweichen vor einer Aufgabe, die man wohl als sinnvoll im Kontext der eigenen Biographie erspürt, aber aus Angst nicht ergreift, ist etwas, wofür man sich verachtet. Man verachtet sich dafür wesentlich mehr, als man es tun würde, wenn man die Aufgabe ergriffen, aber beim besten Willen nicht gemeistert hätte.

Selbstverachtung heißt Selbst*geringschätzung,* und diese wiederum ist der ideale Nährboden für Angst: Man traut sich immer weniger, am Ende vielleicht gar nichts mehr zu, was außerhalb der ‹Sicherheitszone› des je schon Gewohnten liegt. «Wir neigen dazu», schreibt Hicklin, um die Sätze aus dem vorigen Kapitel zu wiederholen, «(die) sichernden Grenzen zu verfestigen, … schließlich zu … einem Befestigungswall auszubauen. – Damit aber wird das Zuhause zu einem Gefängnis und verdeutlicht immer mehr die generelle und wachsende Bedrohtheit. Und die Angst und das Unheimliche, das vorerst draußen war, sickern unaufhaltsam durch das dickste Gemäuer und holen den Flüchtenden ein.» Auch Maslow beschreibt den Zusammenhang zwischen dem Verfehlen der als *sinnvoll* erkannten Aufgabe und der Selbstgeringschätzung. Er nennt die Stimme, die uns herausruft aus dem zum Gefängnis gewordenen Zuhause – womit einerseits der konkrete Lebensumkreis, andererseits das ‹innere Zuhause› der Gewohnheitswelt gemeint ist – und zum Wesentlichen hinführen will, zur Selbst-Verwirklichung, die immer nur *Weg* sein kann, das ‹innere Gewissen›. Dieses grenzt er scharf ab gegen das Freudsche Über-Ich, also das «primär als Verinnerlichung der Wünsche, Forderungen und Ideale der Eltern» gedachte Gewissen und schreibt: «Es gibt … noch ein anderes Element im Gewissen oder, wenn man will, eine andere Art des Gewissens, das wir alle schwach oder stark ausgeprägt besitzen. (Dieses beruht) auf der unbewussten und vorbewussten Wahrnehmung unserer eigenen Natur, unseres Schicksals oder unserer Fähigkeiten …, unserer eigenen ‹Berufung› im Leben. Es besteht darauf, dass wir (uns) treu bleiben und (uns) nicht aus Schwäche oder um eines Vorteils oder anderer Gründe willen verleugnen.» Gegen solche Selbstverleugnung, so Maslow, rebelliert unser Innerstes. «Der intelligente Mensch, der ein stupides Leben führt, der Mann, der die Wahrheit sieht und trotzdem schweigt, der Feigling, der seine Courage aufgegeben hat – alle diese Menschen nehmen in einer sehr tiefen Art wahr, dass sie sich selbst unrecht getan haben, und verachten sich deswegen.»

Diese Selbstverachtung wird von den Betroffenen oft nicht als solche durchschaut, sie wühlt und nagt untergründig und führt dann zu jener generellen Geringschätzung der eigenen Fähigkeiten, des eigenen Stehvermögens, kurzum: des eigenen *Wertes,* die eine sich ausbreitende, bald alles erfüllende *Lebensangst* erzeugt. «So entsteht vielleicht eine Neurose, (aber) ebensogut kann daraus erneuerte Courage, wahre Empörung, größere Selbstachtung entstehen, weil man nachher das Richtige tut» (Maslow). Wir sehen daran, dass die Angst – und das ist vielleicht das Allerwichtigste, was zum Verständnis ihres Wesens und ihrer Bedeutung festgehalten werden muss – etwas mit dem Abgeschnittensein von einer aus dem tiefsten Inneren der Menschenseele heraus wirksamen Richtkraft zu tun hat, mit dem Entfremdetwerden von einer, nennen wir es: schicksalsführenden Weisheit, die in jedem von uns lebt und danach verlangt, wahr-genommen zu werden. In diesem leidvollen Entfremdetsein vom eigenen höheren Selbst, das die Kinder im Bild des Schutzengels erleben, liegt aber auch die Chance, sich auf eben dieses Innerste, welches Maslow im individuellen Gewissen tätig sieht, wiederum zurückzubesinnen. Auch und gerade für den, der durch Ängste und Wirrnisse hindurchmuss, kann, wie Michaela Glöckler schreibt, «die Erfahrung selbst, dass man durch so viele Unsicherheiten … gehen konnte, ohne sich dabei zu verlieren», zum tröstlichen und nach und nach ermutigenden Gedanken werden, zum «Hinweis darauf, dass das geistige Wesen des Menschen seiner Natur nach nicht abhängig ist von den Wechselverhältnissen des Erdenlebens, sondern vielmehr in diese hineinversetzt wird, um sich und die Welt kennenzulernen».[10] So können erste Schritte gemacht werden, um eine Art von Heimatgefühl dadurch zu entwickeln, dass man mit der Möglichkeit einer eigenen ‹Berufung› im Leben, eines *Lebensentwurfs* umzugehen sich angewöhnt: mit der Möglichkeit eines ‹heim-lichen› oder ‹ge-heimen› Bezirks in der eigenen Seele, an den die Sinn- und Zukunftsfrage nicht als abstrakt-philosophische, sondern als ganz persönliche Frage gerichtet werden kann. Diese *höhere Einsamkeit* der Zwiesprache mit sich selbst auf der Suche nach dem zentralen Willensimpuls, der sich über alle Hindernisse hinweg seinen Weg bahnt und dort, wo die Hindernisse unüberwindlich scheinen, als ‹Angst, sich zu verlieren› ins Bewusstsein heraufkommt, kann neues Selbstvertrauen begründen, eine bescheidenere, stillere Art von Vertrauen, als man es vielleicht vorher zur Schau getragen hatte, ehe die Prüfungen der Angst zu bestehen waren, während man doch wusste, wie schwankend der Grund war, auf dem man stand. Sich wieder hinwenden zum ‹Engel› oder ‹höheren Selbst›; wieder fragen: Woher komme ich; was wird nach dem Tod sein; warum bin ich hier? – das setzt voraus, überhaupt die Beantwortung solcher Fragen, überhaupt die Existenz einer ‹höheren Schicksalsführung› für *möglich zu halten* und ernsthaft auf die Suche zu gehen. Anderenfalls ist das Zufluchtnehmen bei religiösen oder mystischen Ideen, zu denen man natürlich neigt, wenn man sich unsicher und schutzbedürftig fühlt, wiederum nur ein Angstabwehrmechanismus.

Ich werde am Ende meiner Ausführungen noch auf ganz ‹handfeste› Anregungen zur Angstbewältigung zu sprechen kommen, aber sie alle, das sei an dieser Stelle festgehalten, bleiben *letztlich* Flickwerk, wenn nicht ein grundlegender Einstellungswandel erfolgt, erstens in Richtung einer gewissen Duldsamkeit im *Annehmen* der Angst; sie immer nur ‹wegschaffen› wollen, ist purer Egoismus, und Egoismus schürt Angst, ein circulus vitiosus; zweitens in Richtung eines Sich-Öffnens für Daseinsfragen, die über das materialistische Welt- und Menschenverständnis hinausweisen. Denn dieses Welt- und Menschenverständnis ist selbst ein Erzeugnis der Angst, und man kann die Angst nicht bewältigen, wenn alle Gedanken, die einem dafür zur Verfügung stehen, eigentlich Angstgedanken sind. «Als die intellektualistische Zeit heraufkam», sagte Rudolf Steiner, «wurde die Furcht» – der man früher viel offener ins Gesicht blickte – «unbewusst, und als solche unbewusste Furcht wirkt sie weiter. In allen möglichen Maskierungen wirkt sie im äußeren Leben. – Die intellektualistische Zeit trübte den Blick für das, was im menschlichen Inneren ist; aber sie konnte die Furcht nicht fortschaffen. Und so kam es, dass der Mensch selbst bis zu dem Grade unter dem Eindrucke dieser unbewussten Furcht stand und steht, dass er sagte und sagt: Es gibt überhaupt nichts im Menschen, was hinausliegt über Geburt und Tod. – Er fürchtet sich, hinunterzublicken in das eigentliche Ewige der Menschenseele, und aus dieser Furcht heraus begründet er die Lehre: Es gibt überhaupt nichts als dieses Leben zwischen Geburt und Tod. – Der moderne Materialismus ist aus der Furcht entstanden, ohne dass er im geringsten eine Ahnung davon hat. Ein Furcht- und Angstprodukt ... ist diese materialistische Weltanschauung».[11]

4. Zusammenfassung

Anknüpfend an unsere in Teil I aufgeworfene Frage, ob Angst unbedingt etwas Schlechtes sei, haben wir uns zum einen verdeutlicht, welche Beeinträchtigung es für einen Menschen bedeutet, wenn sein natürliches Angst-‹System› ausfällt, zum anderen am Beispiel des ‹scheuen› Menschentyps gezeigt, dass bestimmte Erscheinungsformen der Ängstlichkeit eine hohe soziale Qualität haben. Es wurde noch einmal das Phänomen der verwandelten Angst hervorgehoben, das in den Forschungen viel zu wenig Berücksichtigung findet.

Angst, so haben wir gesehen, bleibt niemandem erspart, und es wäre auch wenig hilfreich, in hedonistischem Überschwang ihre ‹Abschaffung› durch medizinische, gentechnische, okkulte, sozialgestalterische oder sonstige Maßnahmen zu proklamieren. An der Schwelle zwischen dem ‹Heim›, im direkten und übertragenen Sinne, und der Un-heimlichkeit des Fremden, Nichtgewohnten, der Wandlung und des Neubeginns *muss* die Angst stehen als eine janusköpfige Wächterin, die uns zum Verhängnis oder zur hilfreichen Begleiterin werden kann, je nachdem, wie wir uns auf sie einstellen. Es geht um die «Konfrontation mit unserem Handlungsspielraum» (Hicklin), dessen Grenzen uns die Angst erst zeigt. Man muss aber die eigenen Grenzen kennen, um sich zu entwickeln.

Hier stoßen wir auf die Frage der *Lebensqualität.* Die bemerkenswertesten unter den post-freudianischen Psychologen und Psychotherapeuten, für die wir stellvertretend Abraham H. Maslow und Erich Fromm zitierten (man hätte auch Rogers, Perls oder Frankl nehmen können), sind sich darüber einig, dass der *wahre* Wohlstand die Frucht persönlicher Entwicklung und Entfaltung ist, die ohne Erfahrungen des Versagens, der Einsamkeit, des Zweifels und der Trauer nicht reifen kann. Vor all diesen Erfahrungen jedoch haben wir Angst. Wir wissen: Wer sich *einbringt,* setzt sich zugleich aus. Dieses Ausgesetztsein, das sich in Angst und Furcht äußert, müssen wir bejahen. Erlebnistiefe ist nicht ohne Öffnung und Nähe möglich. Mit Öffnung und Nähe jedoch – darauf kommen wir in den nächsten Kapiteln unter einem entwicklungspsychologischen Gesichtspunkt zu sprechen – hängt das Ur-Erlebnis der Angst unmittelbar zusammen.

An dieser Stelle ist ein Appell an die mitmenschliche Bemühtheit angebracht. Wir sollten uns auf den Weg begeben, einerseits in Hinsicht darauf, was die ‹Größe› eines Menschen ausmacht (das Bemühen oder der äußerlich sichtbare Erfolg), neue Wertsetzungen zu entwickeln, andererseits zur Realisierung solcher neuer Wertsetzungen uns vornehmen, den Respekt, auch für gescheiterte Bemühungen, den wir uns selbst so sehr wünschen, zunächst unseren Mitmenschen *zukommen* zu lassen. Wenn immer nur einer auf den anderen wartet, verändert sich nichts.

Der Mut des ‹Glaubens› im Sinne eines modernen Glaubensbegriffs, wie ihn Erich Fromm formuliert hat – Glaube daran, dass der vorbehaltlose Einsatz für höhere Ziele auch den damit verbundenen Enttäuschungen und Leiden ihren Sinn gibt –, ist eine Errungenschaft, für die zwar, wie wir gesehen haben, ein Mensch dem anderen wesentliche Hilfen geben kann, den letztlich aber doch jeder aus sich selbst heraus entwickeln muss. Die Vorstufe ist der ‹Mut zur Angst›. «Wenn die Menschheit den Glauben verlieren würde», sagte Rudolf Steiner, «dann würden durch die verlorenen Glaubenskräfte die Menschen herumgehen müssen so, dass keiner mehr recht weiß, was er mit sich anzufangen hat, um sich im Leben zurechtzufinden, dass keiner eigentlich bestehen kann in der Welt, weil er Furcht, Sorge und Ängstlichkeit hat vor dem und jenem.»[12] Auch Steiners Glaubensbegriff hebt sich vom traditionellen ab: Glaube ist kein Ersatz für Erkenntnis und Wissen, sondern «das Wissen ist nur die Grundlage des Glaubens», heißt es an derselben Stelle.

Wohin aber können wir uns wenden, wo können wir einen Anfang machen, um diesen Mut zur Angst, der Glaubensmut werden kann (nicht in einem naiv-bekenntnis-religiösen, sondern in einem ‹idealistischen›, von Steiner auch immer wieder als *Erkenntnisenthusiasmus* charakterisierten Sinne) zu finden? Wir haben, um uns einer Antwort zu nähern, Maslows Begriff vom ‹inneren Gewissen› eingeführt: Hinlauschen auf unsere eigene «Berufung» (Maslow) im Leben; die Fähigkeit wiederentdecken, die uns in sehr tiefer Art wahrnehmen lässt, wann wir uns unrecht getan haben. Das Wieder-Anschluss-Suchen an diese schicksalsführende Weisheit, die früher im Bild des Engels geschaut wurde, weist den Weg zu jener im Kapitel ‹Vom Wesen der Angst› angesprochenen *höheren Einsamkeit des In-sich-selbst-Gegründetseins,* die ganz am Gegenpol des Egoismus steht und allein die Voraussetzung bietet, ein gelassenes Verhältnis zur Angst zu entwickeln. Dies kann geübt werden.[13]

III.

Angst – Schlaf – Kindheit

1. Ein Exkurs zur Frage nach Ursache und Schuld

Wir haben – das ist uns zur Genüge deutlich geworden – Angst vor der Angst. Deshalb verspüren wir wenig Neigung, uns ohne Not mit ihr in Verbindung zu setzen. Wenn sie uns dann aber heimsucht, wehren wir sie mit allen Kräften ab. So kommt es, dass wir einem der wichtigsten, stetig wiederkehrenden Ereignisse unserer Lebensgeschichte und Erlebniswelt in Bezug auf seine Hintergründe mit erstaunlicher Erkenntnisarmut gegenüberstehen. Damit ist ein bedeutsamer Aspekt der Angst umrissen: In Abwesenheit ist sie zu fern, um nachvollziehbar, im Wortsinne be-greiflich zu sein, und wir vermeiden es tunlichst, etwas daran zu ändern. Sie in die Begreiflichkeit hereinzuholen, würde ja bedeuten, sich ihr auszusetzen. Wer ihr aber ausgesetzt ist, kann die urteilende Distanz nicht wahren. Sein Denken, Fühlen und Handeln wird *Angst(abwehr)denken, Angst(abwehr)fühlen, Angst(abwehr)-handeln.* Jetzt ist sie *zu nahe* gerückt, um begreiflich zu sein! Wir entwickeln vielleicht Techniken, sie zu überspringen, den Mut gegen sie aufzurichten, sie niederzudrücken, zu zerstreuen, das Ding oder Wesen, das wir für sie verantwortlich machen, anzugreifen, zurückzuweisen; wir treten die Flucht nach hinten oder nach vorn an, alles Mögliche tun wir, um uns zu retten – aber wann stehen wir ihr, der Angst selbst (im Unterschied, wohlgemerkt, zu der Gefahr, durch die sie möglicherweise ausgelöst wird), im gewöhnlichen Leben einmal *anschauend gegenüber?*

«Der Mensch gerät in einen Zustand der Verwirrung. (Er) ist unfähig, folgerichtig zu handeln. Ein allgemeiner Erregungszustand ergreift die Seele und zugleich die körperlichen Funktionen. – (Oft) wissen wir gar nicht, warum uns die Angst befallen hat. Wir kapitulieren vor ihr in der gleichen Art wie vor dem Schmerz», schrieb Karl König.[1] Alois Hicklin bemerkt, dass die Angst «den Menschen vor das (bringt), was bis anhin noch *nicht ist,* vor das Nichts».[2] Damit mag es zusammenhängen, dass wir uns so schwer damit tun, ihr gegenüberzutreten. Sie fällt uns gleichsam von hinten an und zwingt uns, in den «Abgrund des Unbekannten» (König) zu blicken. «Angst enthüllt die Nichtigkeit», sagte Heidegger. Sie selbst enthüllt sich nicht. Wir wissen, was sie mit uns tut, aber nicht, woher sie stammt, aus welchen Kräften sie gewirkt ist, wo sie wohnt und was sie tut, wenn sie unser bewusstes Seelenleben *nicht* behelligt. Da kaum anzunehmen ist, die Angst werde jedes Mal im Zeitpunkt ihres Erscheinens neu erschaffen, muss sie irgendwo im Verborgenen *stetig* sein. Von André Malraux stammt der Satz: «Angst kann man immer in sich finden. Man muss nur tief genug suchen.»

Man muss sich an dieser Stelle vor undurchdachten Einwänden hüten. Wenn ich zum Beispiel weiß, dass mir ein Gespräch mit einem Menschen bevorsteht, der mir mit großer Wahrscheinlichkeit einige unangenehme Fragen stellen oder Vorwürfe gegen mich erheben wird, und im Zuleben auf dieses Gespräch meine Angst wächst, so erkenne ich die Angst an ihren *Symptomen* und weiß in diesem Fall, wodurch sie *ausgelöst* wird. Aber *was* da eigentlich ausgelöst wird und die entsprechenden Symptome hervorruft, ist eine ganz andere Frage! Welche Schicht unseres Seins wird da aufgewühlt? Was ist über diese Sphäre verhüllend gedeckt, wenn wir *keine* Angst verspüren, und warum wird diese Bedeckung in bestimmten Situationen – teils aus erkennbaren Gründen, teils scheinbar ganz grundlos – fortgerissen? Die häufig geäußerte Ansicht, Angst sei in jeder Form eine Variante der Todesangst, ist sicher nicht von der Hand zu weisen; wir haben sie ja aus einem bestimmten Blickwinkel selbst vertreten. Aber zeigen nicht Beispiele wie das eben angeführte, dass sie der Differenzierung bedarf? Was hat das in unserem Beispiel anklingende «Mitenthaltensein von Schuld in (der) Angst» (Hicklin) *genau* mit Todesangst zu tun?

Mit den Worten Fritz Riemanns hat Angst «eine Entwicklungsgeschichte, die praktisch mit unserer Geburt beginnt».[3] Auch Karl König betont, dass die Angst «von Geburt an in jedem Menschenkinde (liegt). Sie lagert in den Tälern unserer Seelen und macht sich zu irgendeinem gegebenen Moment bemerkbar.» Wir müssen berücksichtigen: Die Ängste, die durch eine bestimmbare, akute Bedrohung, einen Schock, eine immer wieder aufbrechende Wunde aus der Vergangenheit, das situative Erinnertwerden an die Unausweichlichkeit und stetige Möglichkeit des Todes und andere, konkrete Begebenheiten ausgelöst werden, bilden eine *Unterabteilung* des Angstproblems. Das beste Beispiel sind Kinderängste. Sie treten über Jahre hin erstens ohne jemaligen bewussten Umgang des Kindes mit dem Todesproblem auf[4] und sind zweitens *nicht* im Sinne einer zwingenden Kausalkette davon abhängig, ob schwere Schocks, Misshandlungen, Unfälle, Krankheiten, Vernachlässigungen oder Ähnliches stattgefunden haben. Natürlich ist die Wahrscheinlichkeit nahezu hundert Prozent (es gibt auch Ausnahmen, das Leben ist voller Rätsel), dass solche Erfahrungen die Angstbereitschaft eminent verstärken, aber sie sind nicht die Ursache der *Angst an sich*. Es ist nicht dasselbe, ob ich nach der Ursache der Angst oder nach der Ursache der dauerhaften Unfähigkeit frage, mit der Angst fertig zu werden. Doris Wolf schildert den Fall einer 41jährigen, von schweren Ängsten geplagten Frau, die von sich sagt, sie sei «extrem behütet» aufgewachsen, weil ihre Eltern ihr «eine heile Welt vermittelten».[5] Auch später hat diese Frau nichts vordergründig Erschreckendes erlebt, aber sie musste sich eines Tages in Behandlung begeben und der Therapeutin mitteilen: «(Die) ganze Facette meiner Ängste wurde im Laufe meines Lebens immer größer.» Solche Fälle dominieren in letzter Zeit die Literatur. Sie zeigen, dass die Ursache-Wirkung-Kette ‹schwere Kindheit – schwere Angst› zu einfach ist. Man hat sich aufgrund dieser Beobachtung eine Frage zurechtgelegt, in der eine, gegenwärtig sehr modische, Theorie versteckt ist. «Kann eine glückliche Kindheit eine verborgene Falle enthalten?» formuliert Chérie Carter-Scott .[6]

Die Theorie lautet: Da der Zusammenhang zwischen neurotischen Ängsten und Erziehungsfehlern nicht in Zweifel gezogen werden kann, andererseits aber in vielen Anamnesen angstgeplagter Menschen keine außergewöhnlichen Schicksalsbelastungen und zum Teil wirklich vorbildliche Milieubedingungen zu finden sind, muss ein Ermittlungsverfahren gegen dasjenige eingeleitet werden, was bislang als wünschenswert gegolten hat: die liebevolle, behütende Erziehung. Carter-Scott etwa wendet sich an Menschen, die einen ausgeprägten «Hang zum Negativen» haben, also Versagensgefühle, mangelndes Selbstwertgefühl und so weiter, ohne jedoch in der Kindheit schlecht behandelt worden zu sein, mit dem Erklärungsangebot, es könne «vielleicht» sein, dass «Ihnen Ihre Eltern ... viel Liebe und Wärme entgegen(brachten)» und «Sie entwickelten irgendwie Schuldgefühle, weil Sie so tolle Eltern hatten, während Ihre Freunde ... in schwierigen Familienverhältnissen aufwachsen mussten». Auf diese Art kann man natürlich jederzeit alles mit allem begründen.

Dass misshandelte und vernachlässigte Kinder vielleicht lebenslang unter Angst leiden werden, ist klar und steht außerhalb jeder Diskussion. Auch liegt es mir fern, in Abrede zu stellen, dass es übertriebene, narzistisch-besitzergreifende, auf fatale Art das Selbständigwerden untergrabende Formen der liebenden, aber doch nicht liebe*fähigen* Erziehung gibt. Zur Liebe*fähigkeit,* die mehr ist als das zwischen Glück, Angst und Schmerz schwankende Liebegefühl, gehört nicht nur nebenher, sondern ganz wesentlich das *Freilassen-Können.* Dafür auf jeder neuen Stufe der kindlichen Entwicklung das rechte Maß zu finden, ist vielleicht die schwerste Aufgabe für liebende Eltern – eine Aufgabe, die niemand so glänzend erfüllt, dass er sich zum großen Vorbild und Lehrer aufblasen könnte. Und doch muss gefragt werden: Auf welche *Art und Weise* vollzieht sich der Übergang von einer gegen Gefahren und äußere Unbilden weitestgehend abgeschirmten Kindheit zur späteren Angstneurose, falls von einem solchen Zusammenhang überhaupt die Rede sein kann? Da macht man es sich oft zu leicht. Die große Elternliebe als solche für späteres Leid verantwortlich zu machen, ist offenkundiger Unsinn.

Die populären Vorstellungen, die einer übertrieben fürsorglichen, ‹heile Welt› schaffenden Erziehung die spätere Angstanfälligkeit anlasten, lassen uns erstens mit dem Problem allein, was denn nun im Einzelnen ‹übertrieben› ist – denn Schutz und Fürsorge müssen wir ja gewähren, und nicht jedes Kind bedarf ihrer im gleichen Maße –, und beleuchten außerdem, wenn es hoch kommt, nur die Hälfte der Wirklichkeit. Es gibt da nämlich ein gewichtiges Gegenargument: Die Erfahrung, in schwierigen Situationen stets Hilfe zu finden, ist eminent vertrauensbildend. Sie hinterlässt eine mitmenschlich-soziale Grundzuversicht und damit auch die kostbare Fähigkeit, Hilfe zu erbitten und anzunehmen, wenn man allein nicht mehr weiterweiß. Wie vielen Menschen fehlt heute gerade diese Zuversicht!

Das heutige psychologische Denken hat sich dermaßen verrannt in die Vorstellung, der seelisch Leidende sei *notwendig* ein erziehungsgeschädigter Mensch, dass nichts mehr zur Kenntnis genommen wird, was diese Voraussetzung relativieren könnte. Dass damit eine *defektologische* Sichtweise gepflegt wird, die alles, was mit den zutiefst menschlichen Erfahrungen von Einsamkeit, Trauer, Angst und Verzweiflung zusammenhängt, zu Beschädigungen infolge unsachgemäßer Handhabung herabwürdigt, kommt kaum zu Bewusstsein. Wenn es für heutige Denkgewohnheiten auch unzumutbar klingen mag, man sollte sich dennoch allmählich wieder mit dem Gedanken vertraut machen, dass ein

Mensch große Probleme mit sich selbst bekommen kann, ohne dass die Eltern auch nur im Geringsten daran schuld sind; ja mehr noch, dass eine sehr gute, die Persönlichkeitsentwicklung fördernde Erziehung unter Umständen geradezu die Grundlage bilden kann für gewisse Leiderfahrungen, die mit dem Streben nach individueller Freiheit zusammenhängen, mit dem Anspruch auf eine höhere Lebensqualität – im Sinne des im Kapitel ‹Vom wahren Wohlstand› Gesagten – als sie durch noch so ideale äußere Bedingungen ohne eigenes Zutun erreicht werden kann. Ich sage wohlgemerkt, dies sei *unter Umständen* möglich. Es soll hier kein neues Dogma aufgestellt, sondern ein bestehendes in Zweifel gezogen werden. Im Übrigen möge man nicht immer so tun, als gäbe es im Leben eines Kindes – namentlich in unserer heutigen Zeit – außer den Eltern keine anderen, machtvollen Einflüsse und als habe sich der Erwachsene ausschließlich mit seiner Kindheit herumzuschlagen!

Rudolf Steiner gab einmal anlässlich eines Vortrages über Goethes Leben zu bedenken, «dass der Mensch viele Irrtümer begeht, wenn er schnell-fertig das ‹Nach einem Ding und eben deshalb aus diesem Ding heraus› zu seinem Grundsatz macht, dieses ‹Post hoc, ergo propter hoc›: weil etwas aufeinander folgt, müsse es wie die Wirkung aus der Ursache hervorgehen».[7] Dies sollte beim zwanghaften Hinstarren auf Erziehungsfehler, die an allem schuld sein sollen, was den hedonistischen Ansprüchen auf eine allzeit genussvolle, hindernis- und leidensfreie Lebensbahn zuwiderläuft, bisweilen in Betracht gezogen werden. Wo der Hedonismus nicht offen auftritt, verrät er sich als heimliche Maxime (zum Beispiel der Psychologie) durch eine defektologische Sicht auf diejenigen Ereignisse im menschlichen Leben, die man früher *Schicksalsprüfungen* nennen durfte, ohne sich lächerlich zu machen. Man sollte diesen Begriff rehabilitieren. Er bringt zum Ausdruck, dass es Leidenswege gibt, die nicht auf eine erziehungsbedingte Fehlregulation hinweisen, sondern auf emanzipatorische Vorstöße des Ich. Frederik S. Perls hat mit Recht festgestellt, dass unsere Neigung, Konfliktlosigkeit mit Gesundheit gleichzusetzen, «ein sehr ernster Rückfall ist, denn wir haben … jetzt eine *krankhafte Angst* vor Schmerz und Leiden, und das Resultat ist ein Mangel an Wachstum. Ich rede über das Leiden, das zum Wachstum gehört».[8] Wer weiß denn von vornherein, wenn er einem von Ängsten und Zweifeln geschüttelten Menschen begegnet, ob dieser an seiner Kindheit oder vielleicht *an der Welt leidet,* zum Beispiel an den elenden Schicksalen *anderer* Kinder in Kriegs- und Hungergebieten? Vielleicht ist sein Schmerz durch besonders ausgeprägte *positive* Qualitäten wie Feinfühligkeit, Gerechtigkeitssinn, Wahrheitsliebe verursacht, die er den Eltern *verdankt?* Berührt einen ‹gut erzogenen› Menschen das Schicksal der Menschheit nicht sonderlich tief? Fragen über Fragen, die mit schöner Regelmäßigkeit ignoriert werden!

Es tut der echten Empathie überhaupt keinen Abbruch, gegebenenfalls nicht auf subtile Elternfolter abzuheben, sondern die intentionale Auseinandersetzung des Ich mit der *Aktualität* seines In-der-Welt-Seins in Betracht zu ziehen: den Schmerz im Gewahrwerden des Widerspruchs zwischen Seinswirklichkeit und Seinsentwurf, und dabei zunächst offen zu lassen, ob die Fähigkeit (oder das Verhängnis?), diesen Widerspruch in aller Schärfe zu erleben, auf eine förderliche oder schädigende Erziehung schließen lässt, möglicherweise auch *gar nicht* auf irgendeinen Erziehungseinfluss. Wenn Carter-Scott als eine Art Gesetz formuliert: «Ihr heutiger Zustand ist das unmittelbare Ergebnis der Art und Weise, wie Sie als Kind von Ihren Eltern behandelt und erzogen worden sind», bezeichne ich das als eine jener halben Wahrheiten, die schlimmer sind als ganze Lügen. Die Anthroposophie macht zu diesem Fragenkomplex das Angebot, unvoreingenommen zu bedenken, ob es wirklich so fernliegend ist, wie man heute glaubt, den Menschen, das Kind, als ein Wesen zu betrachten, das nicht als eigenschaftsloser, allenfalls mit dieser oder jener erblichen Prädisposition ausgestatteter Zellhaufen, sondern als Individualität mit *eigenem,* in frühere Lebensläufe zurückweisendem Schicksalshintergrund und *eigenen,* aus diesem Hintergrund heraus vorgeburtlich gesetzten Entwicklungszielen die Erde betritt – vielleicht mit einer Affinität zum Ängstlichsein, die nicht etwa von den Eltern verursacht ist, sondern ihnen als Frage und Aufforderung von seiten des Kindes entgegentritt: Das ist ein Problem, das ich mitgebracht habe und bewältigen muss. Helft ihr mir dabei?[9]

2. Schiffbrüchige

Ist nicht die Annahme, man könne unter der Voraussetzung einer glücklichen Kindheit (ohne Gänsefüßchen) ein stark und wahr empfindender, kreativer Mensch werden und doch *nicht* an sich selbst und der Welt bisweilen leiden, vielleicht verzweifeln, in hohem Maße illusionär? Erich Fromm forderte dazu auf, in zeitgemäßer Art die «klassische Auffassung» wiederzubeleben, «dass der Mensch sowohl Leib wie Seele, sowohl Engel wie Tier ist, dass er zwei im Konflikt miteinander stehenden Welten angehört (und) dass eben dieser Konflikt im Menschen *nach einer Lösung verlangt*».[10] Das Erkennen dieses «schrecklichen Dilemmas» (Fromm) kann erschütternd und ängstigend sein, das Verlangen nach Lösung kann in die Irre gehen. Die Verlagerung des Problems in die Kindheit *mit Schuldverweis* ist in vielen Fällen keine Lösung, sondern eine bloße De-aktualisierung: Deine Ängste, Schwermutszustände haben mit deinem Jetzt-Sein eigentlich nichts zu tun; sie sind Ballast aus abgelebter Zeit, Erbstücke aus dem Spukhaus deiner Kindheit. – So kann es sein. So *muss* es aber nicht sein. Und selbst wenn es zutrifft, ist der Aktualitätsverweis mindestens ebenso wichtig wie die Hintergrundaufhellung.[11]

Rudolf Steiner hat am 13. November 1916 in Dornach über das von Fromm hervorgehobene «Dilemma» ebenfalls, aber in ganz anderer Art gesprochen. «Immer ist vorhanden im Menschen das, was ihn in einer bestimmten Situation erhalten will, und das, was ihn herausheben will aus der bestimmten Situation», heißt es dort, und weiter: «Das Ich wirkt … im Kampfe mit dem, was determiniert in der Lebenssituation».[12] Diese Ich-Wirkung bezeichnet Steiner auch als «auslöschend auf die Lebenssituationen» (insofern sich diese aus der Vergangenheit herausgestaltet) und «Lebenssituation umschaffend». Beachtenswert ist dabei die Reihenfolge: Was umgeschaffen werden soll, nämlich das Determinierende, das primär «durch unseren physischen Leib wirkt» – er repräsentiert alles, was ich unabänderlich *geworden* bin –, muss zuvor *ausgelöscht* werden. Natürlich meint Steiner mit ‹auslöschen› nicht ‹ein für allemal wegradieren›.

Es ist von Bewusstseinszuständen, Bewusstseins*akten* die Rede, davon, dass wir uns immer wieder vom Gewordenen, Determinierenden, vom Festgelegtsein auf bestimmte Verhaltens- und Gewohnheitsmuster freimachen, es ‹ausblenden› müssen, um Zukunft zu eröffnen. In dieser Betonung des Auslöschens vor dem Verwandeln liegt etwas für unser Thema höchst Bedeutsames: Entwicklung ist keine monokausale Ereignisabfolge, nicht einfach der lückenlose Übergang von einem Zustand in den anderen, sondern durchbrochen von Ereignissen der Neuschöpfung, des Neubeginns, eingeleitet durch die Willenstat des ‹Auslöschens› von Vorgegebenheiten, die *dann* im Akt der Neubegründung wieder eingeblendet und im Zeichen des Wandlungsmotivs *mitverwandelt* werden. Das ist Ich-Wirksamkeit! Die Angst veranlasst uns, dasjenige zu erhalten und zu verfestigen, was «determiniert in der Lebenssituation». Darin liegt auch ihre Wichtigkeit, denn wir brauchen natürlich das Festgelegte und Festlegende, wie man Boden unter den Füßen haben muss, um vorwärts zu kommen. Aber andererseits könnten wir ohne das *gegen* die Festlegungen arbeitende Ich gar keinen Begriff von Zukunft entwickeln und somit auch *uns* nicht entwickeln! Diese Ich-Wirksamkeit begleitet uns immer, tagtäglich.

Es gibt jedoch Situationen, in denen sie besonders energisch eingreifen müsste und dies nicht vermag. Davon haben wir gesprochen. In solchen Situationen wird uns Entscheidungsmut abverlangt. Jeder Aufbruch, innerlich oder äußerlich, setzt voraus, die Realität des Gewordenen, Vertrauten, Sichernden und Begrenzenden zurückzuweisen, Antipathie gegen sie zu entwickeln. Man muss schon bis zu einem gewissen Grad für die Welt der *Tatsachen* erblinden, um sich in die Welt der *Möglichkeiten* vorzuwagen, denn gegen jedes Mögliche oder Wünschenswerte stehen soundsoviele Realitäten als ‹schlagende Argumente› gegen den Schritt ins Offene (vgl. dazu das Kapitel: ‹Wie erleben wir uns in der Angst›). Der oben angesprochene Konflikt zwischen Leib und Seele, Tier und Engel, braucht also gar nicht moralisch aufgefasst zu werden. Er besteht darin, dass wir immer, wenn etwas Neues ansteht, einerseits mit einer bestimmten, im Übergangsbereich zwischen physisch-leiblicher und charakterlich-erfahrungsgestaltlicher Vorprägung *gewordenen* Verfassung rechnen müssen – diesbezüglich sind wir, ganz wertfrei gesprochen, der Tierwelt verwandt: Ein Kaninchen kann keine kätzischen Verhaltensweisen annehmen, weil es vollständig der Kaninchenprägung unterliegt –, andererseits diese Verfassung im intentionalen Akt gleichsam diskriminieren müssen und können, um überhaupt zu qualitativen Entwicklungsschritten fähig zu sein. Hierbei nähern wir uns dem ‹Engel› als dem in uns hereinragenden geistigen Wesen, welches keiner Prägung unterworfen ist, die «durch unseren physischen Leib wirkt», sondern die Zukunft repräsentiert, die sogenannte ‹optative Identität›: dasjenige, was wir, wenn wir ganz bei uns selbst sind, als unser *Werdeziel* erkennen können.

Zwischen diesen beiden Polen ist das Menschenwesen ausgespannt, und Angstbewältigung heißt, sie in das rechte Gleichgewicht zu bringen.[13] Wo der Bewusstseinsakt der Diskriminierung des Gewordenen im entscheidenden Augenblick immer dadurch vereitelt wird, dass das Hinaustreten ins Offene ein *Schmerzerlebnis* ist, wo also der Schritt über jenen kleinen ‹Abgrund des Nichts› von der Auslöschung (Steiner sagt auch: «Paralysierung») zur Wiedereinsetzung dessen, was uns festlegt, aber auch birgt, nicht gelingt und das Leben nur mehr ein *Verbleiben(müssen)* in immer gleichen Welt- und Selbstbezügen ist, da sprechen wir von der Angstkrankheit: Gefangenschaft im Gestern aus Angst vor dem Morgen.

Natürlich hat nicht jeder Leser diese Extremformen der Angst, von denen auch berichtet werden muss, durchlitten, aber man verfügt doch über eigene Erfahrungen, an denen sich die konkrete Fantasie im Sinne einer Steigerung des mitfühlenden Verstehens bewähren kann. Der Schmerz, der kommt, erträglich bleibt und wieder geht, lässt uns immerhin ahnen, was es bedeutet, mit Schmerzen zu leben, deren Ende für den Betroffenen nicht absehbar ist. Dies gilt auch für die Angst.

Manche Menschen treiben in ihr wie Schiffbrüchige im Sturm. Die ‹gewöhnliche› Angst überrascht uns, um in diesem Bild zu bleiben, bald nach Antritt der Bootsfahrt, wenn wir sehen, dass ein Sturm kommen wird. Wir können umkehren und das rettende Ufer noch rechtzeitig erreichen. Aber es gibt die Schrecksekunde vor dem Beidrehen, in der wir für einen Augenblick fürchten, die Entfernung sei schon zu groß. Man muss sich nur vorstellen, dass diese Sekunde zur Ewigkeit wird, um ahnungsweise zu erfahren, wie den Menschen zumute ist, die lieblos ‹Angstneurotiker› genannt werden. Oft ist in der Tat ein mit unserem Beispiel vergleichbares Ereignis der *auslösende* Faktor für eine Angstneurose. So arbeitete ich eine Zeit lang mit einer jungen Frau, bei der alles anfing, als einmal die U-Bahn irgendwo mitten auf der

Strecke im Schacht stecken blieb und alle Lichter kurzzeitig erloschen. Die Mitreisenden erholten sich schnell vom ersten Schrecken, weil sie sofort wieder klare Gedanken fassen konnten: ‹Für solche Fälle sind Vorkehrungen getroffen› und so weiter. Die junge Frau war dazu nicht fähig. Sie war dem, was um sie herum vorging, vollständig ausgeliefert in diesem Moment. Dieses Ausgeliefertsein war für sie ein dermaßen schreckliches Erlebnis, dass sie sich nun monatelang kaum mehr aus dem Haus wagte, weil sie sich ständig irgendwelche Situationen vorstellen musste, in denen sie wiederum so ausgeliefert wäre. Nur noch der gewohnt-vertraute, häusliche Umkreis gab Sicherheit, und auch dieser nur noch insofern, als sie nun begann, sich in allerlei Ordnungsrituale und immer gleichbleibende Handlungsabläufe einzuspinnen. Jede Unterbrechung der Alltagsmonotonie löste Schwindelgefühle, Herzbeklemmungen und so weiter aus. In der Vorgeschichte zeigte sich bald, dass sie schon als Kind eine starke Neigung zu solchen starren Gewohnheitsmustern hatte. Offenbar war in der U-Bahn nur ein lange schon schwelendes Angstproblem aufgeflammt, als hätte man Benzin ins Feuer hineingegossen. Sie war ein scheues, braves, sehr beeindruckbares Kind. Bei unserem Bemühen, erinnernd in die früheren Jahre zurückzuwandern, fiel signifikant auf, dass sie sich überdeutlich alle sinnlichen Eindrücke vergegenwärtigen konnte (Gerüche, Farben, Stimmen), manchmal so stark, als seien die betreffenden Eindrücke wieder lebendig anwesend, während sie größte Mühe hatte mit der Erinnerung an Zusammenhänge, zeitliche und kausale Bezüge, kurzum: mit ‹Geschichten aus ihrer Geschichte›. Alles waren geruchs-, farb- und geräuschintensive Momentaufnahmen![14]

Von außen betrachtet, sind die Situationen, in denen der angstkranke Mensch in Panik gerät, oftmals ganz ungefährlich. Aber es gibt eben in *jeder* Lebenslage potentielle, denkbare Gefahren. Wenn wir innerlich im Gleichgewicht sind, eignet uns die bemerkenswerte Fähigkeit, das *möglicherweise* Bedrohliche erst dann in unser Denken und Handeln einzubeziehen, wenn es einen relativ hohen, sinnlich-emotional erfahrbaren Wahrscheinlichkeitsgrad erreicht. Man kann das als ‹Verdrängung› bezeichnen (denken wir an die Unfallgefahr beim Autofahren), ich nenne es lieber ‹Ökonomie›. Der Gedanke, dass mir ein Dachziegel auf den Kopf fallen könnte, darf mich nicht dauernd beschäftigen, obwohl er nicht abwegig ist. Bin ich aber ein-, zweimal an einem baufälligen Haus vorübergegangen und habe erlebt, wie mich herunterstürzende Dachziegel nur knapp verfehlten, werde ich um dieses Haus künftig einen Bogen machen. Diese ‹Ökonomie der Gefahrenabschätzung›, in der ein Stück positiver und notwendiger Fatalismus, im Sinne von Schicksalsvertrauen, steckt, fehlt dem sogenannten Angstneurotiker. Seine Qual besteht darin, dass sich für ihn der oben im Bild von der Bootsfahrt erwähnte Angstgedanke, es könne schon zu spät sein zur Umkehr, den wir normalerweise durch einen kurzen, prüfenden Blick zum Ufer zurechtzurücken verstehen, augenblicklich wie ein Beschluss, wie ein Urteils-Spruch anfühlt. Der Gedanke an die mögliche Gefahr löst ein Gefühl der Verhängnishaftigkeit, der *Beschlossenheit* des Unheils aus, und der nächste, von diesem Gefühl schon durchdrungene Gedanke lautet: ‹Es ist passiert! Ich kann nicht mehr zurück!› Man beachte dieses Phänomen der ‹Beschlossenheit›, des, natürlich nur halbbewussten, Sich-ausgeliefert-Wähnens an determinierte Ereignisketten, in denen der Betroffene, wenn die Dinge so stünden, wie sie sich für ihn anfühlen, nur ein völlig machtloses Kettenglied wäre. Ganz stark wirkt in der Angstneurose dieses Erlebnis des schutzlosen Preisgegebenseins zusammen mit der unbewussten Voraussetzung einer verhängnishaften Vorentschiedenheit, die sich irgendwann, irgendwo *von außen kommend, in der Zukunft lauernd,* erfüllen wird.

Der ordnende, Wahrscheinlichkeit gegen Unwahrscheinlichkeit abwägende, Zeit und Raum bemessende Verstand, die Ratio, ist dagegen ohnmächtig. Das nahe Ufer rückt in die Ferne. Die fünfzig oder hundert Meter Wasser dazwischen, die zu überwinden leicht möglich wäre, werden zu ozeanischen Abgründen. Und weil der Gefühls-Gedanken-Strudel der Angst so geartet ist, dass er soghaft die ganze Welt in sich hineinreißt, gehen dem Bootsfahrer Gedanken wie diese durch den Kopf: ‹Wenn ich zu rudern versuche, werden die Ruder brechen; wenn ich schwimme, wird mich eine Lähmung ergreifen; sollte ich das Ufer erreichen, wird dort mein Herz aufhören zu schlagen.› In der Unverhältnismäßigkeit und surrealen Gewichtung von Gefahren bei gleichzeitigem Verlust jeglichen Vertrauens in die eigene *Handlungsfähigkeit* und des Wahrnehmungsvermögens für die *Offenheit* der Situation liegt die Pathologie. Deshalb muss man, wie Klaus Dörner und Ursula Plog zutreffend schreiben, bei der krankhaft gewordenen Angst stets «für den Einzelfall» prüfen, «warum dieser Mensch nicht mit einer Anforderung fertig wird, mit der fertig zu werden (eigentlich) ‹normal› ist, und warum in seinem Fall so viel Leid ausgelöst wird».[15] Die ‹Schiffbrüchigen› müssen, bei aller individuellen Unterschiedlichkeit der vorgeschichtlichen Hintergründe und auslösenden Faktoren, unter einer gemeinsamen Komplikation hinsichtlich ihres Eingeschaltetseins in die Polaritäten Vergangenheit und Zukunft, Wahrnehmung und Wille, Ich und Welt leiden. Soviel ist deutlich geworden, und dem gilt es nachzuspüren.

3. Frau H. (Ein Fallbeispiel)

Im Folgenden berichte ich in der gebotenen Kürze von Frau H., die sich seit längerer Zeit in unserer Behandlung befindet. Ich habe bewusst einen Fall ausgewählt, wo sich aus der Vorgeschichte deutliche Hinweise auf die Krankheitsentstehung ergeben, um nicht den Eindruck aufkommen zu lassen, das im ‹Exkurs zur Frage nach Ursache und Schuld› Gesagte laufe auf eine Leugnung der *möglicherweise* entscheidenden Bedeutung von Erziehungsfehlern hinaus. Dennoch – oder gerade deshalb – sei aber noch einmal festgehalten, dass wir ähnliche Verläufe kennen, wo die Suche nach groben Erziehungsfehlern oder eindeutigen Milieuschädigungen nichts erbracht hat. Namentlich in der Kinder- und Jugendlichentherapie begegnen mir immer wieder heftige, unspezifische Ängste, für die sich im familiären und schulischen Umfeld keine überzeugenden Gründe im Sinne einer simplen Kausalkette finden lassen. Im übrigen ist auf die Fälle zu verweisen, wo trotz einer *noch* schwereren Kindheit, als Frau H. sie erleben musste, *keine* Angstneurose entstanden ist.[16]

Frau H. ist 53 Jahre alt, verheiratet, hat zwei erwachsene

Kinder. Sie ist eine tüchtige Hausfrau, stolz auf ihre Kochkünste, sehr modebewusst mit einer Vorliebe für grelle Farben; eine einfache, aber nicht einfältige Frau, die wenig übrig hat für die ‹Oberschlauen› (Akademiker, Lehrer, Pfarrer), eher schon für Künstler, weil sie diese für ‹Rebellen› hält und sagt, sie selbst sei im Grunde auch eine rebellische Seele. Letzteres begründet sie damit, dass sie oft eine Wut verspüre gegen die Falschheit, den Neid und Egoismus der Mitmenschen, und zweitens damit, dass sie schon immer, seit ihrer Hochzeit und der Geburt des ersten Kindes, das Gefühl gehabt habe, eigentlich ganz anders als alle anderen zu sein. Sie wisse zwar nicht, in welcher Hinsicht ‹anders›, aber auf jeden Fall sei sie ganz gegen ihre Natur eine durchschnittliche Hausfrau und Ehegattin geworden. Nie habe sie ‹ihr› Leben führen dürfen, ja noch nicht einmal herausgefunden, welche Art von Leben eigentlich ‹ihr› Leben gewesen wäre.

Frau H. blickt auf eine traurige Kindheit zurück. Sie wurde von einer krankhaft misstrauischen, unablässig schimpfenden und gegen alle Welt Vorwürfe erhebenden Mutter kindheitslang seelisch misshandelt. Als ein Bursche die Sechzehnjährige sexuell belästigt hatte und sie sich, nachdem sie ohne Schaden davongekommen war, weinend der Mutter anvertraute, wurde sie als Hure und Familienschande beschimpft und ungeachtet ihrer Beteuerungen, dass nichts geschehen sei, zwecks Jungfräulichkeitsprüfung zu einem Arzt geschleppt.

Als die Mutter hochschwanger war, verließ die Neunjährige einmal das Haus, obgleich sie Ausgehverbot hatte. Als sie zurückkam, war die Mutter beim Wechseln einer Glühbirne vom Stuhl gestürzt. Sie erlitt eine Fehlgeburt. Dem Mädchen wurde vorgeworfen, am Tod ihres Geschwisterchens schuld zu sein. Die Anschuldigung wurde über Jahre bei allen möglichen Gelegenheiten wiederholt. – Dies sind nur zwei wahllos herausgegriffene Beispiele für das, was wir seelische Misshandlung nannten. Eine liebevolle mütterliche Fürsorge hat Frau H. nie erlebt. Zwar wurde sie nicht geschlagen, aber ständig allein gelassen und sehr früh schon mit Aufgaben betraut, die ihrem Alter noch lange nicht entsprachen. So war sie für ihr jüngeres Brüderchen bereits als Sechsjährige die ‹eigentliche› Mutter. Sie kann sich nicht erinnern, jemals wie ein richtiges Kind ausdauernd und versunken gespielt zu haben. Immer gab es Pflichten, aber niemals Dankbarkeit. Der Vater stand nicht weniger als die Kinder unter dauernder Angst vor den Launen der Mutter.

Herr H. ist ein rechtschaffener, geradezu arbeitsbesessener Handwerker. Sie sagt, er sei ihr Lebensretter. Mit siebzehn lernte sie ihn kennen. Nie hatte sie ein Verhältnis oder auch nur eine Romanze mit einem anderen Mann. – Die Angst brach kurz nach der Geburt des ersten Kindes im Rahmen der normalen Wochenbettdepression als sogenannte Herzangstneurose hervor. Diese besserte sich bald, an ihre Stelle traten andere, schwer fassbare Ängste: Angst vor geschlossenen und weiten Räumen, vor großen Menschenansammlungen, Ohnmachtsangst, Angst vor Schlaf und Dunkelheit, vor dem Alleinsein, vor dem Autofahren. Über fast drei Jahrzehnte wurde die Krankheit nicht adäquat behandelt, teils weil Frau H. begonnene Therapien immer dann abbrach, wenn etwas von ihr gefordert wurde, teils weil sie von Psychiatern mit einem Rezept für Beruhigungstabletten und einem Literaturhinweis wieder heimgeschickt wurde.

Die Verklammerung zwischen Frau H. und ihrem Mann war bald unauflöslich. Stets musste er bei ihr oder wenigstens in der Nähe sein, und er fügte sich. Sie suchten und fanden eine Wohnmöglichkeit, die es erlaubte, dass Herr H. in demselben Gebäude als eine Art Hausmeister arbeiten konnte. Es gibt seither nichts mehr für ihn, was die Bezeichnung Bewegungsfreiheit verdienen würde. Er hat sich in diesem Beziehungsgefängnis eingerichtet, aber nur unter der Bedingung, dass sie ihm alle Wünsche in bezug auf Genuss und Bequemlichkeit wie eine Dienstmagd erfüllt.

Zu Beginn der Therapie hatte Frau H. Angst davor, das Haus zu verlassen oder allein in der Wohnung zu bleiben. Verließ sie das Haus doch einmal, um zum Einkaufen zu gehen, wurde sie von der panischen Angst begleitet, die Beine könnten unter ihr wegknicken oder sie bekäme Schreikrämpfe. Manchmal wird sie von Fantasien gequält, wie sie Mann, Sohn und Tochter bei einem gemeinsamen Essen mit dem Brotmesser ermordet. Es gibt nur ganz bestimmte Wege in einem ganz bestimmten Bezirk, die sie ohne Begleitung zu gehen wagt. Wenn eine unabänderliche Autofahrt bevorsteht, zum Beispiel zur Therapie, steigert sie sich in Fragen wie diese hinein: ‹Was soll ich tun, wenn ich während der Fahrt vor Angst durchdrehe, im selben Augenblick der Reifen platzt und mein Mann am Steuer ohnmächtig zusammenbricht?› Frau H. ist nur ruhig, wenn sie zu Hause ihren gewohnten, jeden Tag gleichen Tätigkeiten nachgeht und kein besonderes Ereignis für diesen und den nächsten Tag bevorsteht.

Durch alles, was auf ihn zukommt, durch das Zu-Erwartende schlechthin, fühlt sich der angstkranke Mensch, wie wir am Beispiel der Frau H. gesehen haben, bedroht. Der ‹Instinkt›, der eigentlich dazu dient, zur Vorsicht oder zum Rückzug zu mahnen, wenn man einer Situation nicht gewachsen ist, reagiert dann nicht auf dieses oder jenes konkret heraufziehende Unheil, sondern unterschiedslos auf alles *künftig Anstehende,* welches pauschal als *verhängnis- und gefahrvoll* empfunden wird.

Über alles, was bevorsteht, breitet sich der Angstnebel und verwischt die Konturen des vernünftigerweise, nämlich erfahrungsgemäß Absehbaren. Stattdessen zeichnet die bilderzeugende Fantasie, von der Angst misshandelt, die Umrisse der Katastrophe in den Nebel. Und diese Bilder werden wie Wahrnehmungen äußerer Gegebenheiten wieder zurückgenommen. Das ist die Situation. Bei Frau H. und anderen, die sich in ihrer Situation befinden, liegt eine Komplikation vor, die durch eine *uncharakteristische* Form der Gefahrenwahrnehmung auffällt. Sie nimmt nicht irgendeine bestimmte Gefahr in der Zukunft wahr und trifft Vorsorge für den Fall, dass ihre Befürchtungen sich bestätigen sollten, sondern für sie ist die Sphäre des Noch-nicht-Gelebten schlechthin gefahrvoll. Deshalb verweigert sie das Hinaustreten in die Zukunft, in das Offene, Unentschiedene und versucht, ihren Alltag als einen Kreislauf von eingeübten, monoton wiederkehrenden Verrichtungen zu gestalten.

Es ist der Versuch eines Lebens im Zeitstillstand, das in unaufhörlicher Nachahmung der Nachahmung der Nachahmung seiner selbst verödet. Tatsächlich ist Frau H. in einer Vergangenheitswelt gefangen. Ihre Tage sind Ausgrabungen, nach-gestellte Erinnerungen. Die gewohnte, bis in den letzten Winkel misstrauisch überwachte Umgebung, das zur Festung gewordene Heim, soll *die Nähe sichern zur Selbstverhüllung und Weltabgeschiedenheit des Schlafes.* Dieser allein verspricht Trost.

Aber der erquickende, ent-ängstigende Schlaf will sich nicht einstellen. Er bleibt denen vorbehalten, die aus dem bejahten, gelebten Leben heimkehren. Frau H. schläft entweder unruhig, schwitzend, von bösen Träumen geplagt, oder sie braucht ein starkes Beruhigungsmittel. Oft wacht sie dann trotzdem auf und fühlt sich wie eingezwängt in ihrem Körper. Nach nichts sehnt sie sich mehr als nach friedlichem Schlaf. Ihr ganzes Handeln und Trachten ist wie ein einziges Sich-Vorbereiten und Vorbereiten der Umgebung auf den Schlaf. Alles muss geordnet, geregelt, ein jedes Ding an seinem Platz sein. Wenn schließlich der Mann daheim, mit Sicherheit kein Besuch oder Anruf mehr zu erwarten und draußen Ruhe eingekehrt ist, vergewissert sie sich, welche Apotheke Nachtdienst hat, um sich dann mit ihrem Strickzeug hinzusetzen und die einzige, verhältnismäßig angstfreie Stunde des Tages zu genießen. Bis der Kampf ums Einschlafen wiederum eine jener endlosen Nächte einleitet, aus denen sie am Morgen erschöpft und wie gerädert auftaucht. Der Lyriker Hans Georg Bulla hat ein sehr einfühlsames Gedicht über die Angst geschrieben, das Frau H. gewidmet sein könnte:[17]

Als ob die Luft knapper geworden
wäre und dünner: der Atem wird uns
kürzer und öfter fahren wir uns jetzt
schnell mit der Hand übers Gesicht.

Trauen wir unsren Augen noch: Es hat
sich alles verändert oder nichts,
holt uns das Alte ein, das immer
Gleiche, es ist so.

Was wissen wir noch: Wie es gewesen
ist und wie lange es dauern wird,
bis wir wieder heimisch werden
in der gewohnten Verzweiflung.

Die Atem-Not, die fahrige Bewegung der Hand übers Gesicht – Ausdruck der Nervosität, aber auch des Bedürfnisses, sich der eigenen Haut-Grenze, des eigenen Daseins zu vergewissern. Kann man den Augen noch trauen? Das Verschwimmen der Konturen. «Wo Licht, Sicht, Aussicht fehlt», schrieb Karl König, «entstehen Angst und Furcht. – Die Klarheit des Sehens vertreibt den Nebel der Angst.»[18] Das Alte, immer Gleiche; das Heimisch-Werden im Gewohnten: in der *gewohnten* (wo man Wohnung nimmt) Verzweiflung – der Rückzug in die Einsamkeit. Alle wichtigen Elemente der unbewältigten Angst, wie wir sie charakterisiert haben, sind in diesem Gedicht (Titel: ‹Rückkehr in die Enge›) zusammengefasst.

Wenn das Licht des Vertrauens in die eigene Urteilskraft erlischt, das durch-schauende Erfassen von Hintergründen, Bedeutungen, Größenordnungen, Eigenschaften und Sinnbezügen außer Kraft gesetzt ist, werden alle Ereignisse und Wesen außerhalb der Angstfestung gleichgültig, insofern die einzige, ihnen gemeinsame Geltung ihre unterschiedslose *Fremdheit* ist. Beziehungen, welcher Art auch immer, werden schon im Erwartungsstadium als Begegnungen mit dem bedrohlichen Fremden vorverurteilt. Der tief und wehrlos Geängstigte kennt nur die Alternative zwischen *Bleiben* (Verharren, Sich-Verhüllen) und *Hinaustreten ins unabwendbare Missgeschick.* «Eine umfassende Ur-Gesetzlichkeit», so Helmut Hessenbruch, «liegt im Wesen des Erkenntnisvorganges, der (zwei) Phasen in sich schließt: die Ängstigung im Auftauchen des Problems (der Frage) und die Ent-Ängstigung in seiner Lösung.»[19] Weiter heißt es: «Das Ich, in seiner zentralsten Aufgabe und Tätigkeit des Erkennens, das heißt des Durchschauens der Dinge, wird aufgeweckt von Angst und Furcht.» Es ist dieses aufgeweckte (oder sagen wir: in die Angst hereingeholte) Ich, das uns, wie Doris Wolf sagt, befähigt, «Hindernisse im Leben in die richtige Perspektive zu rücken».[20]

Das angstgekränkte Bewusstsein jedoch bleibt in der von Hessenbruch beschriebenen ersten Phase des Erkenntnis- beziehungsweise Wahrnehmungsvorganges[21] stecken: Ängstigung im Auftauchen der Frage, des unerwarteten Eindrucks, der Herausforderung. Wie wir in den Kapiteln I.1. und I.2. gesehen haben, ergibt sich aus der noch genaueren Beobachtung, dass diese erste Phase zwei Stadien durchläuft: das Stadium der Angstentstehung und dasjenige der Angstausbreitung. Im Augenblick der Angstausbreitung, jenes Zustandes also, in dem wir unter dem Eindruck der Ent-Grenzung stehen, greift nun entweder das Ich in der beschriebenen Weise ein und stellt die «richtige Perspektive» wieder her, die richtigen Größenordnungen und den richtigen Abstand, oder es kommt zur Panikreaktion, zum ‹Zurückzucken› des Ich, zur Verkrampfung.

Was ist da geschehen? Der ‹Zusammenprall› zwischen dem Seelischen, in welchem das Ich, wenn es sich nicht als ordnend-zielsetzende Kraft auf der Willensseite darlebt, als *Wahrnehmungswesen* (Wahrgenommenes verarbeitend, integrierend, aussondernd und so weiter) wirkt, und der Außenwelt, dem Eindruck, ist zu stark. Es handelt sich um einen unangemessen starken Außenweltkontakt! Oder man kann auch sagen: um ein übermäßiges Wachgerütteltwerden.

Der von Hessenbruch kurz umrissene Prozeß ist ja unschwer als *Aufwachprozeß* zu identifizieren. Beim Angstanfall schießt dieser Aufwachprozeß über sein Ziel hinaus. Er schießt immer, bei jedem wachen Wahrnehmungsvorgang, ein bisschen über sein Ziel hinaus, um dann wieder zurückgerufen zu werden – wie Hessenbruch ganz richtig sagt, ist jede auftauchende ‹Frage› im ersten Moment ängstigend –, aber die Angstverkrampfung zeigt, dass er in der betreffenden Situation *zu weit* übers Ziel hinausgeschossen ist. Das im ersten Schreck, im Stadium der Angstentstehung, kurz ins Wanken gekommene Realitätskonzept kann nicht wieder zurechtgerückt, die damit zusammenhängende ‹Angst-Angst› nicht bewältigt werden. Alles verschwimmt. Das Augenmaß geht verloren. Das Ich erlebt sich wie hineingerissen in das Ereignis, dessen «Aufforderungscharakter» (Riemann) nun wie eine Aggression wirkt: wie ein vergewaltigender Zugriff auf die personale Integrität. Unter dem Eindruck einer Schmerzzufügung weicht das Ich zurück, der ganze Mensch zieht sich zusammen. Statt Ent-Ängstigung (‹Lösung›) durch innere Sammlung und urteilende Bewältigung erfolgt eine heillose, kopflose Flucht- und Abwehrreaktion, deren Steigerung die Ohnmacht wäre: der *schlagartig* einsetzende Schlaf!

Die gewöhnliche und in vieler Hinsicht hilfreiche Allgegenwart der Angst drückt sich in angstverwandten Seelenregungen beziehungsweise Regungen der Ich-verwandelten Angst aus wie Feinfühligkeit, Empfindsamkeit, Vorsicht und Behutsamkeit, Scheu, Zärtlichkeit. Diese *Metamorphosen der Angst* in positive, namentlich sozial zuträgliche Charaktereigenschaften setzen voraus, dass wir eine ausreichende Souveränität im Umgang mit der Grundangst erreicht haben. Dies wiederum hängt zusammen mit unserer Urteils- und Erkenntnisfähigkeit, im weitesten Sinne also damit, ob es uns gelingt, das rechte Verhältnis zwischen der Eindrucks- und Ausdrucks-, Wahrnehmungs- und Willensseite unseres Wesens herzustellen und auch in schwierigen Situationen aufrechtzuerhalten.

Durch schockhafte Einbrüche unseres Selbstempfindens im Zeitfortgang – ‹Das Blut gerann mir in den Adern› oder ‹Es war, als ob die Zeit stehengeblieben wäre› sind zwei Aussagen, die dasselbe Erlebnis beschreiben –, im Zuschreiten auf konturloses Zukünftiges – ‹Was mag wohl auf mich zukommen?› – oder in Erwartung der Wiederkehr eines schon erlebten Entsetzens wird bisweilen (jeder kennt es) die ‹nackte› Angst bloßgelegt. Sie ist ihrerseits nicht gleich unbeherrschbar, sondern führt nur unter besonders ungünstigen Bedingungen zum Kontrollverlust, zur Panik. Die meisten angstkranken Menschen *fürchten* immer nur in Raserei zu geraten, ‹den Verstand zu verlieren›. Es geschieht kaum einmal. Aber das Bloßliegen der Angst, das wir normalerweise nur in seltenen Ausnahmefällen erleben, ist für sie ein Dauer- oder doch stetig wiederkehrender Zustand.

Woran erinnert uns das?

Wir werden zurückverwiesen in eine Zeit unseres Lebens, an die wir uns unter gewöhnlichen Umständen nicht erinnern können: die früheste Kindheit. Was die Erinnerung nicht hergibt, können wir durch einfühlsames Beobachten kleiner Kinder ersetzen. Ihnen steht erst noch bevor, zu lernen, dass der Kontakt mit der Außenwelt durch ein vielfältiges Repertoire an *Vorbehalten* und *Abgrenzungen* geregelt werden muss, um sich erträglich zu gestalten. Das ist ja gerade der Grund für die Erinnerungslosigkeit dieser ersten Lebenszeit: Die *Grenzziehung* zur Umgebung gelingt entweder gar nicht, oder sie wird mit einer Totalität vollzogen, die später kaum mehr möglich ist. Erinnerungswelt bildet sich jedoch aus wachbewusst ver-innerlichten Erfahrungen im Kontakt mit der Außenwelt.

Das kleine Kind ist im Wachzustand den Eindrücken, von denen es bestürmt wird, den Substanzen, die es durch Hautkontakt kennen lernt oder sich als Nahrung einverleibt, den Vorgängen im eigenen Organismus, die es qualitativ als Außenwelteindrücke erlebt, wehrlos ausgeliefert – ich sage mit Bedacht nicht ‹hilflos›, denn es gibt ganz entschiedene ‹Hilfen in der Wehrlosigkeit›, auf die wir gleich zu sprechen kommen. Aber auf der anderen Seite neigt das Kleinkind in einem Ausmaß, das wir sonst nur bei extremen Erschöpfungszuständen kennen (die übrigens auch zentral zur Symptomatik der Angstneurose gehören), dazu, sich gegenüber dieser Welt zu verhüllen, sich von ihr zurückzuziehen in den *Schlaf.* «Wie das Auge sich schließen muss, wenn das blendende Sonnenlicht herandringt», sagte Rudolf Steiner, «so muss sich das Kind abschließen gegenüber der Welt, muss viel schlafen».[22]

Die Wahrnehmungswelt als solche gleicht dem ‹blendenden Sonnenlicht›, mit einem anderen Wort: Sie ist ängstigend. Es gibt für das Neugeborene im Wachzustand noch keine Vorbehalte und Abgrenzungen. Je stärker es seine Sinnestore zur Umgebung öffnet, namentlich in seinem Leibesempfinden sich von Außenweltvorgängen betroffen erlebt, aber diese Betroffenheit weder urteilend abschwächen noch handelnd beantworten kann, desto mehr ist es von Angst erfüllt. Und eben weil es diese Angst nicht objektivieren kann, ist die Formulierung, es *habe* Angst, eigentlich ungenau. Im Wachzustand *ist* das Neugeborene Angst! Natürlich umfasst diese Charakterisierung nicht alles. Denn von Anfang an ist im Menschen eine ent-ängstigende Tendenz wirksam, die auf Grenzziehung und Ausdrucks-Ermächtigung abzielt. Aber als *Eindruckswesen* ist das Kleinkind zunächst ein Angstwesen und als *Ausdruckswesen* noch kaum ausgefaltet. Die Angst ist reiner Seinsmodus, geradezu identisch mit *Sinneswahrnehmung.*

Zeitlebens ängstigen wir uns oder geraten zumindest hart an die Schwelle der Angst, wenn «wir mit unserem Urteil der uns entgegentretenden Erscheinung nicht gewachsen sind, – wo also die Erscheinung auf unser Seelenleben einen bewussten Eindruck macht, ohne dass unser Urteil … eintreten kann».[23] In der ersten Lebenszeit trifft dies ausnahmslos auf alle Eindrücke zu. Sie sind ‹bewusst›, insofern sie wach erlebt werden, aber das Urteil, das der Begriffsbildung, Differenzierung und Distanzierung zugrunde liegen muss, kann noch nicht sprechen. Dies *wäre* ein Zustand des totalen Ausgeliefertseins, der wohl in kürzester Zeit die gesamte Persönlichkeitsentwicklung – die sich ja in maßvoller Abgrenzung von der Umgebung vollziehen muss – zunichte machen würde, wenn nicht das Kind von Anbeginn mit der zunächst noch ganz verborgenen Fähigkeit ausgestattet wäre, durch *innerlich nachahmende Gebärden* jeden Eindruck gleichsam ein zweites Mal in sich zu erschaffen. Wir sprechen von den ersten, noch nicht mitteilbaren Formen dessen, was sich dann bald im äußerlichen Nachahmen, in der Sprachentwicklung, schließlich in der Begriffsbildung ausgestaltet. Dieser frühesten schöpferischen Aktivität kommt eine hohe entängstigende Bedeutung zu, wenngleich sie die Angst natürlich nicht beseitigen kann und soll.

Nicht in erster Linie als Reaktion auf diese oder jene Begebenheit dürfen wir die Angst des Neugeborenen auffassen, sondern als Ausdruck des *Unbegreiflichen,* der *Unfassbarkeit des In-der-Welt-Seins.* Im Mythos von der Vertreibung aus dem Paradies, im Bild des Findelkindes, das im Fluss oder in der Wildnis ausgesetzt wird, oder auch im existentialphilosophischen Begriff der ‹Geworfenheit› (Heidegger) klingt etwas davon an.

Das kleine Kind fällt also, wie wir gesehen haben, nicht etwa das Urteil ‹Ich habe Angst› – wie sollte es auch, wenn das Ich noch nicht zur Sagbarkeit gekommen ist –, sondern *die Angst selbst urteilt.* Ihr Urteil ist, in Worte übersetzt, ein Imperativ: ‹Fliehe!› Aber wohin? Die Zuflucht ist der Schlaf.

Für das Neugeborene (später ändern sich die Dinge in mancher Hinsicht) heißt Einschlafen: Heimkehren in die Geborgenheit einer noch verlockend nahen und durch nichts, was das Diesseits an Genüssen bereithält, aufzuwiegenden Herkunftswelt. In meinen früheren Büchern zur Jugendfrage habe ich unter verschiedenen Gesichtspunkten immer wieder die Kindheit unter diesem Aspekt des ‹langen Abschieds› von einer vorgeburtlichen Daseinsform beschrieben, aus der das Kind «eine Grunderfahrung von Harmonie, Bedürfnislosigkeit und Frieden mitbringt».[24] «An diese vorgeburtliche Grunderfahrung», heißt es dort weiter, «ist es wieder angeschlossen, sobald es sich in seinem Leib behaglich-heimisch, zufrieden-schläfrig fühlt.» Mit anderen Worten: sobald es sich *gegenüber der Sinneswelt wieder verhüllt* und dem Schlafe nähert.

5. Die Belehrung des Wachbewusstseins durch das Schlafbewusstsein (Ein Schlüssel)

Bei fast allen Kleinkindern gibt es Phasen, in denen sie schreien, wenn sie erwachen. Sie schreien einfach, *weil* sie erwachen. Dann nimmt die Mutter das kleine, brüllende, strampelnde, herumfuchtelnde, schwitzende, mit dem Ausdruck höchster Missbilligung ins Licht blinzelnde Wesen auf, säubert und füttert es, wiegt es in den Armen. Das Kind wird ruhig. In seinen Augen mit langsam schwerer werdenden Lidern, die noch ein Weilchen auf dem Gesicht der Mutter ruhen, ist zu sehen, an seinem traumverlorenen Geplapper zu hören, wie schon der Schlaf es in seine Obhut nimmt. Wir brauchen gar keine theoretischen Erörterungen, um zu erkennen, dass das Schwinden der Angst und das Schläfrigwerden ein- und dasselbe sind.

Vielleicht berührt uns der unverwandte Blick des Säuglings vor dem Einschlafen deshalb so sehr, weil er wie ein Abschiedsblick wirkt, gerade so, als wolle sich das Kind unsere Züge noch ein letztes Mal tief einprägen. Ich bin sicher, dass dieser Eindruck der Wahrheit entspricht. In den ersten Lebensmonaten ist jedes Einschlafen ein Abschiednehmen von dieser Welt, jedes Erwachen sozusagen eine neue Geburt. So pendelt die Seele des Neugeborenen zwischen den Polen des angstvollen, wehr- und vorbehaltlosen Wachens (insofern es noch nicht gelernt hat, sich ein ‹Stück Schlaf› als innerlich ruhendes Abstandwahren im Wachen *vorzubehalten)* und des wie endgültig, wie zum Abschied wieder Sich-Verhüllens vor der Welt. Dort, in dieser Verhüllung, ist Friede. Zum Frieden des gesunden Säuglingsschlafs hat nichts Zutritt, was der Sphäre der Angst angehört. Später ändert sich das, da schiebt sich die Angst in die oberen Regionen des Schlafes hinein, und es entsteht eine Art von Schlaf, durch den zwar eine relative Abgeschlossenheit gegenüber der Sinneswelt erreicht wird, aber die Seele doch mit dem physischen Leib und den Lebensprozessen stärker verbunden bleibt, als es im Hinblick auf die volle Ausschöpfung der Regenerationsmöglichkeiten des Schlafes zu wünschen wäre. Wir halten uns dabei in einem Zwischenreich auf, wo aus dem chaotischen Zusammenwirken von instinkt- und triebgebundenen Impulsen, die nicht zur Ruhe kommen, mit teilweise noch an die Außenwelt angeschlossenen Bewusstseinsvorgängen sich Bilder und Wesen erheben, die, wie man weiß, einen oftmals magisch-dämonischen, bedrohlichen, bisweilen auch dionysisch-rauschhaften Charakter haben. Was sich in diesem ‹Zwischenreich›, welches für das ganz kleine Kind noch nicht existiert, im Laufe der Zeit ansammelt, wovon es nach und nach bevölkert wird, das sind die in Kapitel I.2. und I.3. erwähnten, aus dem bilderzeugenden Unbewussten heraufdrängenden Eindrücke, gegen die in ähnlicher Art eine Abgrenzung geleistet werden muss wie gegen die Außenwelt.[25]

Der Schlaf des Neugeborenen jedoch ist in der vollen Bedeutung des Wortes ein ‹gesegneter› Schlaf. «Sofort, wenn die Sinne ihre Tätigkeit einstellen, so macht sich für den Menschen ein Schöpferisches geltend», sagte Rudolf Steiner. Dies gilt in höchstem Maße für kleine Kinder. An anderer Stelle beschreibt Steiner, was damit gemeint ist: «Es ist wunderbar zu sehen», wie die Kinder «im Schlafe geradezu im Fluge ihren Angeloiwesen entgegengehen, wie sie verbunden werden mit den Engelwesen während des Schlafes.» Nehmen wir das ganz wörtlich, denn so ist es gemeint: Sie suchen in der Welt der Engel Zuflucht, Trost und Lebensermutigung.[26]

Auf der Seite des Wachens also steht die Angst, kräftezehrend und ‹überfremdend›. Von der Seite des Schlafes her wirkt jenes *Schöpferische* herein, woraus die Kinderseele «ihre Stärke und Erfrischung» (Steiner) für den Tag zieht. Hier urständet die Kraft, die wir ‹Mut› nennen.

Die Vermittlerin, Brückenbauerin zwischen den beiden frühkindlichen Extremzuständen ist die nächste Bezugsperson, in der Regel die Mutter. Sie reguliert, rhythmisiert zunächst den Wechselverkehr zwischen Entblößung und Verhüllung für das Neugeborene, schirmt es ab im Wachen, führt es behutsam zurück in den Schlaf. Ohne ihre Hilfe wäre es ständig übergangslos hin- und hergerissen zwischen Tag und Nacht. Die Mutter repräsentiert die ‹Dämmerungszeiten›, das sanfte Tagwerden, das Wieder-zur-Ruhe-Kommen am Abend, wobei in den ersten Lebensmonaten die inneren Tag-Nacht-Rhythmen des Kindes noch nicht identisch sind mit denen draußen in der Natur. In der Tat gehört bis an die Schwelle des Jugendalters zu den wichtigsten pädagogisch-therapeutischen Hilfen – Erziehung ist in gewisser Hinsicht immer auch Therapie –, die Eltern ihren Kindern zur Angstbewältigung geben können, das rechte Geleit in den Schlaf und der rechte Empfang am Morgen,[27] ein Umstand, der leider viel zu wenig berücksichtigt wird. Oft kommt einem all das, was an teilweise wirklich klugen und ernsthaften Bemühungen um das Verständnis kindlicher Ängste geleistet wird, wie ein zwar imponierendes, aber auf Treibsand gebautes Haus vor, weil die Bedeutung des Schlafes kaum oder nur am Rande Erwähnung findet. Im Übrigen kann uns an dieser Stelle in voller Tragweite klar werden, was es bedeutet, wenn einem Kind durch Vernachlässigung, allzu frühe, missverstandene ‹Selbständigkeitserziehung› und so weiter diese helfende Vermittlung zwischen Schlafen und Wachen versagt bleibt. Wir werden das gleich noch besser verstehen.

Was tut die Mutter, genau besehen, wenn sie ihr Kind liebevoll versorgt? Sie arbeitet eigentlich dem Aufwachen entgegen! Wir müssen versuchen, uns vorzustellen, dass die Kinderseele – und hier schließt sich wiederum der Kreis zu dem, was wir vorhin über die Angstkrankheit bei Erwachsenen sagten – in einem viel zu heftigen Aufwachprozess[28] durch den noch wenig Rückhalt bietenden Leib hindurch in die Außenwelt gleichsam hinausgeschleudert wird. Sie «macht das Leben der Außenwelt mit, lebt ganz in der Außenwelt drinnen» (Steiner) und würde sich im Ungewissen, Unfassbaren verlieren, wenn nicht die Mutter sie auffinge und zurückführte zur Schwelle des Schlafes. Es ist das Grundmotiv aller sogenannten mütterlichen Instinkte beim Menschen, das Kind immer wieder und wieder in den Schlaf zurückzuführen, das heißt: ihm die Angst zu nehmen.

Indem also die Mutter dafür sorgt, dass sich das Aufwachen nur *abgeschwächt* vollziehen kann, schützt sie das Neugeborene nicht nur vor Überreizung durch Außenwelteindrücke, sondern noch vor etwas anderem, freilich eng damit Zusammenhängendem. Das Kind wäre nämlich, wenn es dieses Vertrauen, von der Mutter aufgefangen und in den Schlaf zurückgeführt zu werden, nicht haben könnte, sehr bald schon gezwungen, seinerseits gewisse ‹Techniken› zu entwickeln, um dem Aufwachen entgegenzuwirken. Wir kennen solche ‹Techniken› zum Beispiel von den sogenannten hospitalisierten Kindern als rhythmisches Kopfschlagen, Schaukeln mit monotonem Singsang, apathische Kontaktvermeidung und so weiter.[29]

Zweierlei muss an dieser Stelle, um Missverständnisse zu vermeiden, angefügt werden. Erstens kann natürlich auch der mütterliche Drang, das Kind abzuschirmen, ein vernünftiges Maß übersteigen und Schaden anrichten. Ich kenne diese Fälle aus meiner Beratungspraxis, muss aber andererseits sagen, dass für mein Dafürhalten in letzter Zeit um diese Form erzieherischen Fehlverhaltens zuviel Aufhebens gemacht wird. Gar zu leicht geht den Experten das Urteil ‹überbehütende Mutter› über die Zunge, wenn einfach ein schwächliches, besonders anfälliges Kind in gebührender Art beschützt wird. Nach wie vor stehen, soweit ich sehe, Vernachlässigungen, die oftmals gar nicht aus mangelndem Verantwortungsbewusstsein, sondern aus vermeintlich modernen Auffassungen und Wertsetzungen resultieren, im Vordergrund (‹eine selbstbewusste, berufstätige Frau ist für das Kind eine größere Stütze als ein unzufriedenes Hausmütterchen› – als ob das die Alternative wäre).[30] – Zweitens ist uns bestens bekannt, dass heute immer mehr Kinder *wie* hospitalisiert wirken, Kontaktschwierigkeiten haben oder einfach übermäßig ängstlich sind, obwohl sie weder unter einem Mangel an elterlicher Liebe und Fürsorge leiden noch in Unselbständigkeit gehalten werden. Dies trifft hauptsächlich auf die großstädtische oder großstadtnahe Bevölkerung zu und wirft natürlich das Problem der Umweltbedingungen im weitesten Sinne auf, aber auch das Problem des heutigen Schulsystems, das hier nicht näher besprochen werden kann. Darüber hinaus stehen wir hier manchmal vor Lebensrätseln, denen gegenüber eine mit angemessener Bescheidenheit über die Grenzen von Geburt und Tod hinausfragende, namentlich in vorgeburtliche Zusammenhänge zurückfragende Haltung sicherlich angebracht wäre. Hierzu ist im Kapitel III.1. schon einiges gesagt.[31]

Man stelle sich einen Menschen vor, der seine Hände nicht gebrauchen kann und gegen die tiefstehende Sonne nach etwas Fernem spähen soll. Er kann es nicht. Der blendende Schmerz zwingt ihn sogleich, die Augen zu schließen – es sei denn, eine helfende Hand wäre zur Stelle, um sie ihm zu beschatten. Am Anfang seines Lebens ist der Mensch, das Kind, darauf angewiesen, dass Mutter und Vater unzählige ‹Handreichungen› dieser Art, im direkten und übertragenen Sinne, für es erbringen. Aber dann lernt es allmählich, die eigenen Hände zu gebrauchen und selbst die Augen zu beschatten. Was hat es da erlernt? Eine Schutzgebärde. Nach und nach wird es immer mehr solcher abgrenzenden, *beschattenden* Schutzgebärden selbständig ausführen, innerlich und äußerlich; es wird sich, anders ausgedrückt, mit der Zeit angewöhnen müssen, *das Wachsein auf vielfältige Art abzuschwächen,* das heißt in gewisser Hinsicht: Elemente des Schlafes mit hereinzunehmen ins Tagesbewusstsein. Aber anders als das hospitalisierte Kind, das zu ganz verfehlten, weil verfrühten Anstrengungen der Selbstverhüllung gezwungen ist, wird der gesund heranwachsende Mensch instinktähnliche ‹Antipathiekräfte› der sanften Weltzurückweisung, des maßvollen Vorbehalts in sich entwickeln, die sein Persönlichkeitswachstum nicht behindern, sondern fördern. In dem Maße, in dem dies geschieht, zeigt sich die Angst von ihrer hilfreichen Seite: Sie wird zur Lebenslehrmeisterin. Sie veranlasst uns, unsere Willenskräfte zu zügeln und auf Ziele zu richten, in der Flut der Sinneseindrücke Ordnung zu schaffen, unsere Handlungen vorzubedenken. «Die Angst kann immer dazu führen, dass wir einen Lernschritt tun. Jede Angst, ja jede Ängstlichkeit ist im Grunde Vorbote einer neuen Erkenntnis» (Glöckler[32]) und, so möchte ich hinzufügen, eines neuen Schrittes zu innerer Sicherheit. Dabei wird die Angst jedoch nicht einfach unterdrückt oder ausgeschaltet, sondern ‹gemaßregelt›. Der zartfühlend-behutsame, zugleich urteils- und handlungssichere Mensch hat gleichsam mit der Angst einen Vertrag geschlossen. Er hat zu ihr gesagt: ‹Du nimmst dich zurück und hilfst mir, die Dinge sensibel zu erfassen. Dafür lasse ich dir deinen Spielraum.›

Was wir ‹Feinfühligkeit› nennen, ist eine abgeschattete Form des von Steiner so genannten «seelischen Wundseins» der Angst.

Was wir ‹Gerechtigkeitsempfinden› oder ‹Empfinden der eigenen oder fremden Menschenwürde› nennen, ist eine abgeschattete Form dessen, was in ‹roher› Form als extreme Kränkbarkeit, seelische Hyperverletzlichkeit auftritt. Angst wird zu einer sozialen Fähigkeit. Sie bildet die Voraussetzung dafür, dass ich die Erfahrung meines eigenen Leidens, in diesem Fall unter entwürdigenden Übergriffen, zur Richtschnur meines Umgangs mit anderen machen kann.

Was wir ‹Zärtlichkeit› nennen, ist die abgeschattete Form der Berührungsangst, einer Kontaktstörung, die zur Einsamkeit führt.

Man könnte noch lange fortfahren mit Beispielen dieser Art, die von *verwandelter Angst* handeln. Wie sind solche Verwandlungen möglich? Das Wachbewusstsein, das aus seiner Eigendynamik heraus auf allen Lebensgebieten die Verwundbarkeit ins Maßlose steigern würde, wendet sich an Seelenfähigkeiten, die *Abkömmlinge des Schlafes* sind. ‹Gelassenheit›, ‹Besonnenheit›, ‹Gleichmut› (ganz im Unterschied zur Gleich-gültigkeit des angstgestimmten Weltverhältnisses), ‹Behutsamkeit› und so weiter sind Begriffe, die von verschiedenen Seiten her beleuchten, welche Kraft gegen die Gefahr der ‹Aufgerissenheit› des Wachseins zu Hilfe gerufen werden muss, um einerseits *Urteilsbildung* zu ermöglichen, andererseits uns in «die Gestimmtheit der funktionalen Zuversicht» zu versetzen, «welche … anzeigt, dass wir im großen und ganzen den uns gegebenen Beziehungsmöglichkeiten gewachsen sind» (Hicklin[33]). Wir sehen also, wie etwas ins Spiel kommen muss, wodurch gegen die Extraversionsbeziehungsweise Entgrenzungstendenz des Aufwachprozesses eine Opposition wirksam wird, die uns ein Stück zurückverweist in Richtung Schlafbewusstsein (Verhüllung) – nicht zu weit, aber doch weit genug, um den Abstand zu den Dingen und Ereignissen bei aller mitfühlenden Teilnahme deutlich zu erleben.

Wir können also zusammenfassend sagen: *Die Metamorphose der Angst in Beziehungsfähigkeit setzt voraus, dass Wachbewusstsein und Schlafbewusstsein in der richtigen Weise korrespondieren.* Der entgrenzenden Eigendynamik des Wachbewusstseins muss die verhüllende oder – gegenüber der Sinneswelt – antipathische Tendenz des Schlafbewusstseins maßvoll entgegengesetzt werden. *Die Belehrung des Wachbewusstseins durch das Schlafbewusstsein ist Angstbewältigung.* Dies zu verstehen, unabhängig von allen sonstigen aktuellen oder biographischen Entstehungsgründen, hat eine Schlüsselbedeutung für die Suche nach geeigneten pädagogischen und therapeutischen Mitteln sowie nach Wegen der Selbsterziehung zum besseren Umgang mit Ängsten.

Bleiben wir noch einen Moment beim Schlaf. Dass wir von Schlaf*bewusstsein* sprechen, mag vielleicht einige Leser irritieren, die sich denken, schlafend befänden wir uns doch eher im Bereich des *Un*bewussten. Dazu äußerte Karl König, wir sprächen von einer «Sphäre des Unbewusstseins nicht aus dem Grunde, weil (dieses) etwa kein Bewusstsein hat, sondern weil es für gewöhnlich dem eigenen Selbst nicht so bewusst wird wie der gewöhnliche Bewusstseinsbereich». Und weiter: «Bringen wir nicht die Erlebnisse des Traumes aus dieser Sphäre zurück? Werden nicht oft Probleme, für die wir während des Tages keine Lösung finden, ‹über Nacht› gelöst?» Der Schlaf enthalte also offenbar «eine Form des Bewusstseins, die wir in Betracht ziehen müssen».[34] Niemand würde aus der Tatsache, dass er sich an die ersten zwei oder drei Jahre seines Lebens nicht erinnert, schließen, in diesen Jahren sei folglich nichts geschehen, was er bewusst miterlebt hätte. Wir haben unsere damaligen Erlebnisse vielmehr *in einem anderen Bewusstseinszustand* durchgemacht. Ebenso unstatthaft ist es, einfach zu behaupten: Insoweit ich mich tagsüber nicht mehr an irgendwelche Erlebnisse der Nacht erinnern kann, habe ich nichts erlebt. Vielleicht wirken die Erlebnisse der Nacht unerkannt in unseren Taten und Entschlüssen weiter, wie es die nicht erinnerbaren Kindheitserlebnisse tun! Entspricht es nicht einem *Erfahrungswert,* wenn man vor einem schwierigen Problem steht und nach einigem ergebnislosen Für und Wider beschließt: ‹Ich muss das erstmal überschlafen›? Alexander Borbély schreibt: «Die Welt des Schlafes und die Welt des Wachens sind so verschieden, dass man sagen könnte, jeder von uns lebe in zwei Welten.»[35] Wenn wir ein Problem dem Schlaf anvertrauen, bringen wir damit doch eigentlich zum Ausdruck, dass wir es für möglich halten, in der ‹anderen Welt› sogar *klüger* zu sein als im gewöhnlichen Tagesbewusstsein! – Oder nehmen wir den Fall, dass jemand traurig einschläft und freudig wieder erwacht. Da hat im Schlaf offenbar eine geistig-seelische Aktivität der *Trauerbewältigung* stattgefunden.[36]

Jörgen Smit hat die Kernfrage in bildhafter Art wie folgt umrissen: «Im Alltagsbewusstsein vom Morgen bis zum Einschlafen am Abend befinden wir uns an einer gewissen Oberfläche des Weltendaseins. Diese Oberfläche ist eingebettet in eine tiefe geistige Wirklichkeit, von der wir im Alltagsbewusstsein nichts wissen. – Es entsteht nun die Frage: Was bringen wir mit von dieser dünnen Oberfläche hinein in die tiefen Sternenräume der Nacht, und was bringen wir mit, wenn wir ... zurückkehren?»[37] Wir wissen es nicht aus unmittelbarer Anschauung, weil der Wechsel zwischen den ‹zwei Welten› offenbar stets mit einem Gedächtnisverlust einhergeht. Aber die unvoreingenommene Prüfung des Lebens kann uns doch auf die eine oder andere Fährte führen.

Eine solche Fährte ist der Umstand, dass wir, von allen zivilisationsbedingten Unregelmäßigkeiten und krankhaften Störungen jetzt einmal abgesehen, veranlagungsgemäß die Neigung haben, *Angst* mitzunehmen über die Schwelle des Schlafes, also auch gegen Abend ängstlicher zu werden, und *Mut* mitzubringen aus der Nacht in den Tag. Mit zunehmender Dauer des Wachseins wächst die Angstbereitschaft, während nach erholsamem Schlaf die Mutkräfte überwiegen. Man spürt ja instinktiv, dass die Satzverbindung ‹Brauchst keine Angst zu haben, schlaf ein›, tröstend zu einem Kind gesprochen, Sinn macht. Genauer müsste man eigentlich sagen, um diesen Sinn zu erfassen: ‹Nimm deine Angst mit in den Schlaf, dann wird sie dir genommen.› Viele alte Wiegenlieder sind merkwürdig vollgeladen mit beängstigenden Bildern:

Ninne ninne sause
der Tod steckt hinterm Hause.
Er hat ein kleines Körbelein,
da steckt er die bösen Kinder nein.

Das ist zwar pädagogischer Unfug, weil viel zu grobschlächtig, aber es steckt doch die *Ahnung* einer Tatsache des geistigen Lebens dahinter. Man stand unter dem Eindruck, den Kindern (bei denen man natürlich mehr als heute einen gesegneten Schlaf voraussetzen konnte) möglichst viel unbewältigtes ‹Angstgepäck› mitgeben zu müssen auf ihre nächtliche Sternenfahrt. Das Urbild, die Angst werde dort von höheren Wesen übernommen, war in einer Art Zerrform in solchen Bräuchen noch wirksam. Zum Glück ist man von dieser ‹Schocktherapie› inzwischen abgekommen, aber auch unter modernen kinderpsychologischen Gesichtspunkten kann es ratsam sein, gerade den besonders angstanfälligen Kindern in sehr vorsichtiger, Alter und Einzelfall berücksichtigender Dosierung vor dem Einschlafen Anstöße zu geben, sich mit ihrer Angst auseinanderzusetzen, durch Märchen zum Beispiel, die von Einsamkeit, Verstoßenheit, Dunkelheit, Enge und Gefangenschaft handeln und am Ende zur Erlösung führen.[38]

Rudolf Frieling hat Wachen und Schlafen als einen «Wechsel zwischen ‹Heraustreten› und ‹Wieder-im-Schoße-der-Gottheit-geborgen-Werden» bezeichnet. Die Nachterfahrung, die der Tag-Angst die Spitze nimmt, wird hier in ein religiöses Bild gefasst. Rudolf Steiner hat, wie wir hörten, den Engel hervorgehoben. Wir sind als Menschen in Hinsicht auf die Bewältigung unserer eingeborenen Angst davon abhängig, dass wir vermeiden können, im Wachen mit der Sphäre der Geborgenheit und des Friedens, in die wir nachts eintauchen, ganz den Kontakt zu verlieren. Denn dieser Kontakt ist es, der auch in bedrohlichen Situationen unser Vertrauen aufrechterhält, dass «etwas, das durch Werden und Vergehen als ein Beständiges, Dauerndes … hindurchgeht» (Glöckler), uns im Innersten zusammenhält.

6. Angst und Sinne
(Ein kurzer Ausflug in die Sinneslehre)

Die Geburt ist die ‹Schlüsselszene› des Erwachens im Erdenraum, die sich im weiteren Leben vieltausendmal abgemildert wiederholt, wenn wir morgens die Augen aufschlagen. Auf der anderen Seite kehren wir vieltausendmal zurück in den Zustand der Ungeborenheit, in den Schlaf, den ‹kleinen Tod›. Im Wachen stehen wir, ob es uns voll zu Bewusstsein kommt oder nicht, unter dem Eindruck des Abgetrenntseins von der geistigen Welt. Wir erleben uns mit zunehmender Dauer des Wachseins, der Tendenz nach, immer mehr als *Erleidenswesen,* ausgesetzt und entblößt. Im Schlaf dagegen wird uns offenbar die tröstliche Erfahrung zuteil, dass wir mit *Sinn und Ziel* in der Welt stehen. Wir werden durch den Schlaf auf der *Willens- und Ausdrucksseite* gestärkt, also ermutigt, und zugleich immer aufs Neue darüber belehrt, wie wir im Ansturm der Sinneswelt *bei uns bleiben* können. Maßvolle Distanz, Sinnvertrauen und Tatkraft sind die Schlüsselworte für das, was wir aus dem gesunden Schlaf mitbringen.

In dem Gedicht ‹Hoffnung› von Rose Ausländer wird der Mensch im Grenzbereich zwischen der Dimension des Tragischen und dem sinnstiftenden Zuspruch aus der Tiefe des Unbewussten aufgesucht:

Das erinnerte Heim
im Vergangenen

Dein gebrochenes Jetzt
hinkt
in die Hoffnung

vielleicht wieder
ein menschlich bewohnbarer
Raum

«Man entdeckt die erstaunliche Tatsache, dass das ganze Leben eigentlich eine Art Entängstigungsprozeß darstellt» (Glöckler). Am Anfang ist die Unfassbarkeit des In-der-Welt-Seins. Wenn ein Kind aber menschenwürdig aufwachsen darf, dauert es nicht lange, bis sich demgegenüber, vorbegrifflich, die erste existenzsichernde Erfahrung einstellt, die wie eine Bestätigung dessen ist, was es in der vorgeburtlichen Geborgenheit erlebt und als «unbewusste Voraussetzung» mitgebracht hat: dass im Umkreis eine *Güte* waltet, durch die das Hinausgeworfenwerden in die Sinneswelt, die Angstwelt, zuletzt doch immer ein Zufluchtfinden ist, ein Ankommen in einer Wärme.

Wir beobachten im Kleinkind eine Totalität der Seinsmodi, die uns immer wieder in Erstaunen versetzt. Eben noch ‹ganz außer sich› vor Angst und Unbehagen, kann es schon im nächsten Augenblick, wenn der Mangel behoben, die Quelle der Angst beseitigt ist, ein Bild vollkommenster Zufriedenheit abgeben. Beide Zustände, so rasch sie auch wechseln, sind uferlos. Das hängt damit zusammen, dass das Kind noch über keine Zeitperspektive, kein entwickeltes Gedächtnis (ich spreche nicht von der Gedächtnis*fähigkeit)*, kein Denken in Zusammenhängen und Wahrscheinlichkeiten verfügt. Die Erfahrungskontinuität fehlt ebenso wie der Konjunktiv als Möglichkeitsform im Blick auf Zukünftiges. Der fliegende Wechsel zwischen Schlafen und Wachen spiegelt sich wider im ebenso übergangslosen Wechseln der Zustände zwischen Behagen und Unbehagen. Der sogenannte ‹positive ruhige Wachzustand› (ein Begriff aus der Entwicklungspsychologie) tritt erst nach einigen Lebensmonaten auf. Vorher ist Behagen so gut wie gleichbedeutend mit Einschlafen, Unbehagen mit Wachsein. Der Erwachsene hält sich dagegen zumeist in den ‹Dämmerungszonen› auf, in den Übergängen, natürlich mehr nach der einen oder anderen Seite hingeneigt, aber doch so, dass es kaum einen Extremzustand gibt, dem er sich mit der *Vorbehaltlosigkeit* des Kleinkindes überlässt.

In der Zufriedenheit bleibt eine leise, untergründige Anspannung, die auf der Erfahrung beruht, dass keine Zufriedenheit ewig währt. Man ist ‹auf der Hut› und bewahrt sich die Fähigkeit, auf Situationsveränderungen geistesgegenwärtig zu reagieren, ohne aus dem Gleichgewicht zu geraten. *Die schlafnahe Gestimmtheit des Wohlbehagens wird durch Spurenelemente der Angst in der Wachheit zurückgehalten.* Andererseits bricht selbst bei starker Angst nicht so leicht die Grundsicherheit zusammen, dass wieder Frieden einkehren wird.

Man bewahrt im Strudel der Ereignisse die Fassung. *Die über-wache Gestimmtheit der Angst wird durch Spurenelemente der Nachterfahrung des Geborgenseins in Schlafnähe gehalten.* Die Vermittlungsfähigkeit zwischen diesen polaren Seinszuständen muss nach und nach erlernt werden.

Wir benötigen dazu eine verfügbare individuelle Erfahrungswelt (biographisches Gedächtnis), die Sicht auf zukünftig Mögliches (Zukunftsperspektive) sowie die Fähigkeit, uns als *initiativ* in der Gestaltung unseres Lebens aus der Vergangenheit in die Zukunft zu erleben (Entwicklungsmotive). Das biographische Gedächtnis gibt uns die Grundsicherheit von *Kontinuität* und *Distanz,* weil man sich mit dem Zuwachs an aufeinander bezogenen und insgesamt auf das erinnernde Subjekt bezogenen Erfahrungen immer mehr als ein abgeschlossenes, in sich gefügtes Ganzes – im Unterschied zur übrigen Welt – erlebt. Die Zukunftsperspektive begründet *Sinnvertrauen,* denn was sich nicht vom seienden auf ein gesetztes oder zu setzendes Mögliches zubewegte, wäre gleich-gültige, zufällige, also sinnlose Bewegung. Die Fähigkeit, sich als initiativ zu erleben in der Zukunfts*gestaltung,* setzt Sinnvertrauen in Handlungsvertrauen um. Das zukünftig Mögliche wird immer weniger als ein *gesetztes,* immer mehr als ein (aus Entwicklungsmotiven bestimmtes) *zu setzendes* Mögliches erfahrbar.

Dieses Hinaustreten in die Zukunft unter der Maßgabe frei gesetzter Intentionen bedarf aber, um nicht zur Irrfahrt zu geraten, des Gehaltenseins in der (vergangenheitsbezogenen) Grundsicherheit von Kontinuität und Distanz, wie auch das Sich-Beziehen auf und Zurückziehen in diese Grundsicherheit, um nicht in Trägheit zu enden, immer wieder der herausrufenden Verlockung des zukünftig Möglichen bedarf. Hier haben wir die Polarität von Schlafen und Wachen in verwandelter Form wiederum vor uns. *Zwischen* der schlafnahen Grundsicherheit von Kontinuität und Distanz und dem zur Überwachheit tendierenden Impuls, handelnd Zukunft zu erschließen – das heißt auch: den Erfahrungs- und Wahrnehmungshorizont nach außen zu erweitern, in gewisser Hinsicht also uns in den Umkreis auszudehnen –, entsteht Selbst- und Sinnvertrauen. Im rhythmischen Wechselspiel zwischen Sich-Dehnen und Sich-Zusammenziehen, zwischen Öffnung und Aktivität einerseits, Schließung und Trägheit andererseits faltet sich das individuell-selbsterkennende und selbsterfühlende Bewusstsein aus. Dieses ist zur Öffnungs- und Aktivseite hin von Angst bedroht, insofern ein Überschießen in diese Richtung, wie oben ausführlich beschrieben, zur Hyperbeeindruckbarkeit mit der Konsequenz jenes chaotischen Ausuferns der Willenskräfte und der Panikreaktion des Angstkrampfes führt. Zur Schließungs- und Passivseite hin besteht dagegen die Gefahr der Beziehungslosigkeit, letztlich Vereinsamung. Chronisch überbeeindruckbare Menschen geraten aus Angst vor der Angst in diese Einseitigkeit, sie flüchten also vom einen Extrem ins andere. Der richtige Weg ist die aktiv-sinnbezogene, maßvolle Öffnung aus der ‹höheren Einsamkeit› des In-sich-selbst-Gegründetseins heraus, die wir jetzt als ‹Kontinuität und Distanz› bezeichnet haben: die vom Schlaf belehrte Wachheit.

Wenn wir uns nun fragen, wo die Erfahrung von Kontinuität und Distanz, die wir als Rückhalt brauchen, um Zukunft zu bewältigen (und damit Angst zu bewältigen, denn

Angst bezieht sich *immer* auf Zukünftiges), eigentlich urständet; wenn wir uns zugleich, weil beides eng zusammenhängt, fragen, welche Bereiche unseres Wesens durch die Rhythmen von Schlafen und Wachen hindurch unverändert gleich bleiben, stoßen wir auf einen Zusammenhang, den ich hier nur streifen kann, aber zum weiteren Durchdenken dringend anempfehle.

Der Wechsel zwischen Schlafen und Wachen hat ja viel gewaltigere Dimensionen, als man es sich normalerweise klarmacht. Das Selbst-Bewusstsein schwindet im Schlaf, mit ihm schwindet der ganze Bereich, den wir normalerweise als emotionale Sphäre bezeichnen – Freude, Kummer, Lust, Zorn, Mitleid, Schönheits- und Hässlichkeitsempfinden –, um so mehr aus der Erinnerbarkeit, je tiefer wir schlafen. Was weitgehend unverändert zurückbleibt, ist der physische Leib mit den Lebensprozessen oder Vitalfunktionen, also das Kreislauf- und Stoffwechselgeschehen, der Atem und so weiter. Das alles ‹funktioniert›, wenn auch im Tiefschlaf verlangsamt und im sogenannten REM-Schlaf (dem Schlaf der wilden Träume, wo wir manchmal sogar wissen, dass wir schlafen) manchmal recht turbulent, im Großen und Ganzen gleichmäßig und normal weiter. Wie wir wissen, ist eine gewisse ruhige Behaglichkeit in diesem Bereich nicht nur dem Einschlafen förderlich, sondern geradezu eine Bedingung dafür. Ein positives Körpergefühl ist sozusagen die Eingangspforte zum Schlaf. Oder anders gesagt: Je mehr sichergestellt ist, dass die Körperfunktionen ‹schlafen›, also sich unterhalb der Schwelle des Wachbewusstseins abspielen, unsere Aufmerksamkeit nicht beanspruchen, desto besser können wir einschlafen. Es ist gerade so, als würden wir uns in diese Sphäre der unterbewussten, ‹schlafenden› Leibesfunktionen hinuntersinken lassen wie in eine weiche Wiege. Dort finden wir Distanz zu den Außenweltvorgängen, Sinneseindrücken; dort gründet zugleich das, was wir im Erdenleben als Kontinuitätserfahrung mehr oder weniger ausbilden können.

Zweifellos ist der Wechsel vom Wachen zum Schlafen und umgekehrt in eminentestem Sinne ein *diskontinuierliches,* ständig Kontinuität unterbrechendes Geschehen. Beim Kleinkind steht dieser Aspekt noch ganz im Vordergrund, weil es, wie wir gesehen haben, *total* schläft oder *total* wacht. Die Kontinuitätserfahrung entsteht, wie wir ebenfalls gesehen haben, zunächst durch die immer wiederkehrende Bestätigung der Geborgenheit bei der Mutter. Was vermittelt die Mutter zunächst dem Neugeborenen? Die Zuversicht begründende Erfahrung, dass jedes *leibliche* Unbehagen, jeder *leibliche* Mangelzustand, durch den sich das Kind ins Wachwerden gleichsam herausgezerrt fühlt, sogleich beseitigt wird, um die ‹weiche Wiege› eines behaglichen Körpergefühls wieder herzustellen. In der ersten Zeit kann sich das Wachbewusstsein gegen die Verlockung dieses Behaglichkeitsgefühls noch nicht behaupten, es ‹entschlummert› prompt. Aber nach und nach, während sich der Organismus zugleich langsam an den Umgang mit den Nahrungsstoffen gewöhnt und in sich stabiler wird, entsteht durch die mütterliche Fürsorge eine Grundempfindung, die zugleich eine erste Grund*sicherheit* ist und als ‹Körpervertrauen› bezeichnet werden kann. Der Körper, oder genauer: das Gefühl des Beheimatetseins im eigenen Leib, wird zum sicheren Rückhalt. Er ist bald nicht mehr allein das Eingangs- oder Ausgangstor zum Schlafen oder Wachen, sondern ein Garant für

Kontinuität. Das Kind nimmt hinlauschend auf den eigenen Organismus etwas Bekanntes, Vertrautes, immer wieder Gleiches wahr; es erlebt dieses immer wieder Heimkehren in den eigenen Leib, das Sich-ihm-Anvertrauen zum Schlaf, Sich-in-ihm-Wiederfinden im Erwachen, als eine erste Form von Selbst-Bewusstsein, auf die alle weiteren, reiferen Formen aufbauen. Zunehmend erleben wir jetzt, wie das Kleinkind die ‹Dämmerungszeiten› kennen und genießen lernt, das Sich-Wachhalten in der leiblichen Behaglichkeit, den ‹positiven, ruhigen Wachzustand›. Einschlafen und Aufwachen werden jetzt manchmal genussvoll, leise plappernd, mit den Fingerchen spielend, *hinausgezögert.* Weder zieht sich das gesättigte, frisch gewickelte Kind sofort wieder zurück, noch schreit es gleich nach dem Aufwachen in höchster Not.

Was sich da beim Kinde eingestellt hat als ein Sich-Wahrnehmen in der Geborgenheit und Kontinuität des eigenen Leibesdaseins, nennt Rudolf Steiner in seinen Entwürfen einer anthroposophischen Sinneslehre den *Lebenssinn:* ein stetiges Sich-selbst-Erfühlen in der Beständigkeit des Erdendaseins. Es ist dieser Lebenssinn, der im Wachen die notwendige Nähe zur Region des Schlafes gewährleistet. Denn wie wir oben gesehen haben, kann man ja sagen: Wir tragen den Schlaf dadurch immer bei uns, dass wir unseren Leib bei uns tragen. Teile unseres Wesens schlafen im gewöhnlichen Leben *immer,* und das sind diejenigen Wesensteile, die im Wechsel zwischen Tag und Nacht keinen gravierenden Veränderungen unterliegen. Die dadurch gegebene Kontinuität innerhalb der Diskontinuität der Schlaf-Wach-Rhythmen nimmt der Lebenssinn als *Leibessinn,* als selbstwahrnehmender Sinn wahr. Vermittelst dieses Sinnes bleiben wir der

Schlafregion stetig *zugeneigt.* Im Angstanfall wird diese Sinnesfunktion in ähnlicher Art gestört wie etwa das Hören durch einen Geräusch-Schock oder das Sehen durch blendend hellen Lichteinfall, denn die Angst reißt uns ganz nach draußen, reißt uns also aus der Zugeneigtheit zur Schlafregion heraus. Der Angstkrampf kann *auch* als ein panischer Fehlversuch gedeutet werden, die Lebenssinn-Wahrnehmung wieder herzustellen.

Aber nicht *nur* der Lebenssinn wird in der Angst überrumpelt. Es gibt daneben noch einen zweiten ‹Fundamentalsinn›, der freilich aufs engste mit jenem korrespondiert: den Tastsinn. In Rudolf Steiners Sinneslehre wird der Tastsinn sehr viel differenzierter und umfänglicher dargestellt, als man dies für gewöhnlich tut. Besonders Karl König hat, Steiners Anregungen folgend, den Zusammenhang zwischen Angst und Tastsinn hervorgehoben.[39] Dieser Sinn hat, knapp gesagt, die Funktion, dass wir uns durch ihn unserer *Begrenztheit* gegenüber der Außenwelt, unserer *Leibeskonfiguration im Verhältnis zum Umraum* vergewissern. Immer wenn wir in irgendeiner Weise von der Außenwelt berührt werden oder diese berühren, wird uns vermittelst des Tastsinnes, der die gesamte Körperoberfläche sensibilisiert, zum Erlebnis, wo unsere Peripherie, unsere (Leibes-)Grenze ist. Dies führt beim Kinde dazu, dass sich allmählich dasjenige herausbildet, was man auch als ‹Körperbild› bezeichnet.

Wie der Lebenssinn primär dafür sorgt, dass die Erfahrung von *Kontinuität* entsteht, verdanken wir es primär dem Tast- oder Grenzsinn, dass wir gegenüber der Außenwelt *Abstand,* Distanz wahren können. Was zunächst, beim Kleinkind, als *körperliche* Grenzwahrnehmung allmählich immer deutlicher hervortritt, gefördert nicht zuletzt durch die Pflegehandlungen der Mutter am Leib des Säuglings, ist die Voraussetzung dafür, dass später auch eine zuverlässige *seelische* (personale) Grenzwahrnehmung entwickelt werden kann. Wir haben schon in Kapitel I.3. die enge Beziehung zwischen Hautgrenze und Ich-Grenze erwähnt. Der Tastsinn bildet die ‹Schutzschicht›, die notwendige *Hüllenerfahrung,* damit sich der Lebenssinn überhaupt ausbilden kann. Die Lebenssinnwahrnehmung ist von außen her durch die Tastsinnwahrnehmung, diese von innen her durch die Lebenssinnwahrnehmung gehalten. Im Angstanfall brechen beide zusammen. Das beschriebene Gefühl des ‹Ausrinnens›, Sich-Verlierens belegt die Störung des Tastsinnes, das Unscharf-Werden des Körperbildes. Dadurch fühlen wir uns wie unserer Hülle beraubt und zurückgeworfen in einen frühkindlichen Zustand, als die Körpergrenze noch undeutlich war und deshalb die Voraussetzung fehlte für jenes Grundgefühl des In-sich-beheimatet-Seins, das wir brauchen, um über das Sinnvertrauen zum Lebensmut zu finden.

Die beiden beschriebenen Basalsinne, die Kontinuität und Distanz begründen, sind im alltäglichen Leben ‹schlafende› Sinne. Sie kommen uns nur zu Bewusstsein, wenn sie gestört sind. Durch sie halten wir stetig Verbindung zur Nachtseite unserer Existenz; sie garantieren die Rückverbindung zum Schlaf, die wir aufrechterhalten müssen, um hinaustretend ins ‹Offene› nicht dauernd von Angst überwältigt zu werden. Und sie bilden das Milieu, in dem weitere und nicht weniger wichtige selbstwahrnehmende Sinnesfunktionen heranreifen können. Der *(Eigen-)Bewegungssinn,* von Steiner schon Anfang des Jahrhunderts entdeckt, neuerdings als ‹Raum-

Lage-Empfindung› auch für nicht-anthroposophische Bewegungstherapeuten ein Begriff, gewährleistet die *Wahrnehmung* der eigenen Bewegungsabläufe, die unabdingbar für eine sichere *Bewegungskontrolle und -steuerung* ist. Aus dem Rückhalt heraus, den Lebens- und Tastsinn bilden, entwickelt das Kind, gleichlaufend mit der motorischen Integration, die Fertigkeiten der *Koordination und Raumorientierung,* die engstens mit dem Eigenbewegungssinn zusammenhängen und die Voraussetzung für *perspektivisches Wahrnehmen* bilden, wozu Entfernungs-, Höhen- und Größenabschätzung gehören. Auf einer späteren, vom Leiblich-Räumlichen ins Seelisch-Zeitliche metamorphosierten Stufe begegnen uns diese Fertigkeiten, in denen Lebens-, Tast- und Bewegungssinn zusammenwirken, als *Zeit-* beziehungsweise *Zukunftsperspektive,* richtige Einschätzung von *qualitativen Größenordnungen* (Bedeutungen), nicht zuletzt *innere Koordination* (maßvolles Reagieren, zielstrebiges Handeln) wieder. Kurz: Für alles, was zur Lebensorientierung im weitesten Sinne gehört, bildet der Bewegungssinn eine wesentliche Grundlage. Der Zusammenhang mit dem, was wir oben als *Sinnvertrauen* charakterisiert haben, ist nicht zu verkennen.

In ähnlicher Art, wie der Tast- mit dem Lebenssinn eine Art Einheit bildet, sind Bewegungssinn und *Gleichgewichtssinn* ein unzertrennliches Paar. Über den ‹äußeren› Gleichgewichtssinn wäre, wenn wir hier ein Lehrbuch zu schreiben hätten, viel zu sagen, was über die gewöhnliche Auffassung hinausgeht. Beschränken wir uns jetzt darauf, festzuhalten, dass er in einem polaren Gegensatz zur *Schwerkraft* steht. Wenn der Gleichgewichtssinn zusammenbricht oder instabil wird, was in der Angst geschieht, sind wir sofort dem

Schwerkraftgesetz in viel höherem Maße unterworfen als sonst. Wir werden nach unten gezogen, genauer: Das Haupt wird nach unten gezogen. Bei intaktem Gleichgewichtszustand stehen wir insofern unter dem Einfluss der Schwerkraft, als wir mit den Füßen am Boden haften, insofern nicht, als wir den Kopf frei über den Schultern tragen. *Weil* wir den Kopf frei auf den Schultern tragen, können wir die Füße heben und schreiten und uns dabei mit den Armen, mit dem ganzen Leib ‹ausbalancieren› (die hierfür notwendige Koordinationsleistung verdanken wir dem Bewegungssinn). Geht das Gleichgewicht verloren, fällt das Haupt in die Schwere, der ‹aufrechte Gang› ist nicht mehr möglich.

Was geschieht beim aufrechten Gang oder aufrechten Stehen? Wir pendeln uns vermittelst des Gleichgewichtssinnes ständig auf feinste Art in der Mitte zwischen polaren Lageveränderungen ein. Jedes Nach-vorn-fallen-Wollen wird durch ein Nach-hinten-Streben, jedes Nach-hinten-Fallen durch ein Nach-vorn-Streben ausgeglichen; in derselben Art werden rechts und links ausbalanciert, zum Beispiel beim Fahrradfahren. In beiden Fällen ist die *eigentliche* Bedeutung des Geschehens die Vermittlung zwischen oben und unten – jedes Übergewicht in die eine oder andere Richtung führt zum Sturz –, Schwere und Leichte, Erde und Himmel, Hinabgezogenwerden und Aufstreben, letztendlich: zwischen Schlafen und Wachen. Der aufrechte Gleichgewichtszustand steht urbildlich dafür, wie der Mensch als sinnesoffen-waches Wesen, in die Höhe strebend und dem Umkreis zugewandt, nach unten, zum Schwerepol hin, verankert bleiben muss in seiner schlafenden Leiblichkeit; wie andererseits diesem vom Leib herrührenden Zug nach unten und innen, zum Schlaf hin, beständig ein aufstrebender, zum Umkreis öffnender Impuls entgegenwirkt.

Man spricht mit Recht von ‹innerem Gleichgewicht›, wenn jemand die rechte Balance zwischen Ruhe und Aktivität, Wahrnehmungsoffenheit und Distanz, Festigkeit und Lebendigkeit gefunden hat, die rechte Mittellage also zwischen Schwere und Leichte, zwischen Introspektion und Extraversion, Innenschau und Weltzuwendung. Ein solcher Mensch ist in der Grundsicherheit von Kontinuität und Distanz gehalten und vermag aus einem gefestigten biographischen Hintergrund und einem soliden, auf der Grundlage von *Körper*vertrauen gereiften *Selbst*vertrauen heraus sein Leben auf selbstgesetzte Ziele hin zu orientieren. Natürlich kann es sich nur darum handeln, *Annäherungen* an diesen Idealzustand zu erreichen. Aber man muss eben manchmal die Zielvorgabe skizzieren, um einen Eindruck davon zu gewinnen, worauf es konkret ankommt: in der Kindererziehung, aber auch in der Selbsterziehung, um Lebenskrisen zu meistern, und nicht zuletzt in der Therapie, wo die in diesem Kapitel beschriebenen Aspekte praktisch umgesetzt werden können. «Wir können uns», sagte Rudolf Steiner einmal zum Thema ‹Lebensgleichgewicht›, «noch so viele schöne, ethische Wahrheiten einprägen über den Gebrauch der Zeit: So tief werden sie nicht sitzen, wie wenn wir das rechte Verhältnis finden zwischen uns und der äußeren Wirklichkeit … das heißt das Gleichgewicht finden im Leben, das uns nicht werden kann, wenn wir uns an die Außenwelt verlieren, und uns nicht werden kann, wenn wir uns nur in unser Inneres vertiefen.»[40]

Hier sei noch einmal festgehalten, dass den kurz skizzierten ‹Basalsinnen› und dem, was sie im späteren Leben an

Metamorphosen durchlaufen, namentlich dem Tast-Lebenssinn-Komplex, eine zentrale Bedeutung im Zusammenhang mit dem Angstproblem zukommt. Das *kann,* aber muss nicht heißen, dass in der Kindheit durch Vernachlässigung, von den Eltern forcierte Frühreifung (vorzeitiges Hineingetriebenwerden in emotionale und geistige Reifungsprozesse, die noch nicht die erforderliche Grundlage haben), ungenügende Berücksichtigung der ‹Heiligkeit› des kindlichen Schlafes und Notwendigkeit seiner pflegenden Begleitung, Reizüberflutung, Schockerlebnisse und Ähnliches grobe Fehler begangen worden sind. Aber auch wenn dies nicht der Fall war, müssen wir bei übermäßig angstanfälligen Menschen trotzdem immer im Auge behalten, dass, durch welche Einwirkungen, Erlebnisse, Veranlagungen oder Fehler der Lebensführung auch immer, die *ursprünglich* durch die beschriebenen Sinne vermittelte Grundsicherheit von Kontinuität und Distanz eingestürzt und dadurch dem Sinn- und Handlungsvertrauen der Boden entzogen ist. Die pädagogisch-therapeutische Kernfrage lautet in diesem Sinne: Wie kann der vom Schlafbewusstsein belehrte Wachzustand (wieder) hergestellt werden?

7. Überblick und pädagogisch-therapeutische Konsequenzen

Wir kommen zum Ende, wohl wissend, dass vieles nur angerissen werden konnte und in späteren Arbeiten der Präzisierung bedarf.

Die Länge und Komplexität der in Teil III enthaltenen Ausführungen lässt eine Zusammenfassung wie in Teil I und II nicht ratsam erscheinen. Wir versuchen stattdessen, uns die wichtigsten Punkte noch einmal stichwortartig zu vergegenwärtigen, um ein übersichtliches Bild als Hintergrund für die pädagogisch-therapeutischen Grundlinien zu bekommen, die wir allerdings nur skizzieren werden, weil diese Schrift eben kein ‹Ratgeber› im heute weit verbreiteten Stil sein will, sondern eine Verständnishilfe.

Wir haben die Angst unter einem wertfreien, zunächst rein phänomen-orientierten Blickwinkel betrachtet und sind dabei zu dem Ergebnis gekommen, dass sie nichts an sich ‹Schlechtes› ist, sondern eine Art seelischer Naturprozess, der je nachdem, wie wir uns zu ihm stellen, eine hilfreiche oder hinderliche Rolle in unserem Leben spielen kann. Am wichtigsten ist hierbei eine grundlegende Einstellungsfrage: Wenn ich jede Niederlage, jeden Misserfolg vermeiden will und einem hedonistischen Ideal von Leidensfreiheit nachjage, wird mich die Angst einholen, wohin ich auch gehe und was ich auch anfange. Denn mein Leben wird dann ein Leben in *Angst vor der Angst* sein, genauer: in Angst vor allen Situationen, die Angst auslösen könnten. *Bejahe* ich aber die Angst und bemühe ich mich darum, sie *einzubeziehen,* kann sich an ihr nicht nur der Mut entzünden, sondern sie selbst wird zur hilfreichen Begleiterin. Wir haben in diesem Zusammenhang gesehen, dass Qualitäten wie Feingefühl, Mitleidsfähigkeit, scheue Zurückhaltung, Aufmerksamkeit und so weiter Erscheinungsformen der integrierten und verwandelten Angst sind, durch die der Lebensmut nicht beeinträchtigt, sondern erst in die rechten Bahnen gelenkt wird.

Die Beschreibung des Angstprozesses hat gezeigt, dass wir drei Stadien unterscheiden müssen: das Stadium der Angstentstehung, das Stadium der Angstausbreitung und das Stadium der Angstverkrampfung. Das zweite Stadium – Angstausbreitung oder Angst-Angst – spielt hierbei eine Schlüsselrolle. Gelingt es nämlich in diesem Augenblick, einen Zustand der inneren Sammlung und Außenweltzurückweisung initiativ herzustellen, um aus solcher Konzentriertheit den Willen neu, auf ein Ziel hin, zu richten, ist die Angst bewältigt. Gelingt dies nicht, erfolgt der Fehlbewältigungsversuch der Angstverkrampfung. Wir können bei chronisch verängstigten Menschen davon sprechen, dass sie im Stadium der Angstausbreitung grundsätzlich überfordert sind. Nicht dass Angst *entsteht*, ist ihr spezielles Problem, sondern dass sie im entscheidenden Moment nicht zur inneren Sammlung fähig sind, um die Angst zu *verwandeln.*

Dies alles verweist darauf, dass Angst ihrem Wesen nach ein Zustand der *Über-Wachheit* und *Überbeeindruckbarkeit* ist, was anhand der frühkindlichen Entwicklung ausführlich erläutert wurde. Ein Übermaß an Sinnesoffenheit und Weltzuwendung, wenn man so will: an ‹Sympathiekräften› steht hinter jeder Form von Angst. Auf der Gegenseite ist der Schlaf als Zustand vollständigen Erlöstseins von der Angst. In der Nacht schöpfen wir Lebensmut, über den Tag hin nimmt wieder die Angst zu. Es gibt viele Antwortversuche auf die Frage, warum der Mensch eigentlich schlafen muss, aber *diese* Antwort wird kaum in Betracht gezogen: damit er nicht vor Angst verrückt wird!

Unsere Fähigkeit, mit der Angst umzugehen, hängt also in hohem Maße davon ab, dass wir im wachen Tagesbewusstsein mit Teilen unseres Wesens der Region des Schlafes zugeneigt, mit ihr verbunden bleiben, oder, wie wir es bildhaft ausgedrückt haben: dass das Wachbewusstsein vom Schlafbewusstsein belehrt wird. Dem Letzteren ist alles zuzurechnen, was mit innerer Sammlung, Kontinuität, Distanz, innerem Behagen und rhythmischem Gleichmaß zu tun hat; dem Ersteren alles Gegenteilige: Umweltoffenheit, Erregung, Diskontinuität, Entgrenzung, Sensibilität, Schmerz.

Insofern ist, ganz praktisch und geradeaus gedacht, für Pädagogik, Therapie und Selbsthilfe bei auffälligen Angstzuständen alles dasjenige unmittelbar relevant, was wir soeben der Seite des Schlafbewusstseins zugeordnet haben:

a) Übungen zur inneren Sammlung;
b) Kontinuität und Rhythmus in der Lebensführung; geduldiges Erarbeiten einer inneren Wahrnehmungsfähigkeit für die Kontinuität des eigenen Lebensganges (Biographie-Arbeit);
c) Wahrnehmungs- und Gestaltungsübungen zur Schulung eines leidenschaftslosen, rein an der Beobachtung sich bildenden Urteilsvermögens;
d) Maßnahmen zur Herstellung eines positiven (‹behaglichen›) Körpergefühls durch entsprechende Anwendungen und Ratschläge;
e) besondere Beachtung der Pflege des Schlafes beziehungsweise der richtigen Vorbereitung auf den Schlaf und Gestaltung der ersten Stunde nach dem Erwachen.

Eine nähere Betrachtung des Grundsatzes der Belehrung des Wachbewusstseins durch das Schlafbewusstsein hat uns zu der Frage geführt, welche Teile unseres Wesens auch dann, wenn wir wach sind, im Schlafzustand verbleiben (sollten) und dadurch im Tag-Nacht-Wechsel die Kontinuität gewährleisten. Wir sind dabei auf die sogenannten Leibes- oder Basalsinne gestoßen, namentlich auf den Tastsinn-Lebenssinn-Komplex, dann, darin gründend, auf den Bewegungs- und Gleichgewichtssinn. Durch diesen Kreis von selbstwahrnehmenden Grundfunktionen, die sich im Laufe der Kindheit herausbilden, ordnet sich das Raum-Zeit-Kontinuum. Zugleich ist durch sie das notwendige Gehaltensein des Wachbewusstseins durch schlafverwandte (im Schlaf erlernte) Fähigkeiten wie Geduld, Besonnenheit, ruhige Überschau, Gelassenheit, Selbstvertrauen und so weiter möglich. In der Angst gerät sowohl das Raum-Zeit-Kontinuum (Orientierung, Koordination, Perspektive, Zielstrebigkeit) aus den Fugen als auch alles dasjenige, was zur inneren Sammlung, Konzentration und Urteilssicherheit gehört. Erzieherische Beachtung der Pflege der Leibessinne beziehungsweise entsprechende Nachreifungsmaßnahmen im Erwachsenenalter sind für Prophylaxe oder Therapie von Angstzuständen obligatorisch, wobei, um es zu wiederholen, dem Tast- und Lebenssinn besondere Aufmerksamkeit gelten muss.

Zur *Tastsinnpflege* kommen einerseits die *konzentrativen Tastübungen oder Tastmeditationen* in Betracht: sich tastend mit Händen und Füßen, bei weitestmöglicher Ausschaltung des Denkens, an verschiedene, charakteristische Materialien und Substanzen hingeben, also zum Beispiel Sand, Stein, Wolle, Wasser, Holz und so weiter, bei Kindern als Ratespiel, indem mit den Füßen Gegenstände oder Materialien an ihrer Oberflächenbeschaffenheit zu erkennen sind; andererseits *Ganzkörper-Einreibungen* und *Körpergeographie-Übungen*,[41] in der Kunsttherapie *Steinbearbeitung* und *Plastizieren mit Ton.*

Empfehlenswert zur *Lebenssinnpflege* sind *Wärmeanwendungen,* zum Beispiel Überwärmungsbäder mit anschließendem Abfrottieren und Einölen des Körpers, *rhythmische Massage,* bei Kindern *warme Leibwickel* am Abend. Ebenfalls vorwiegend bei Kindern, aber auch manchmal bei Erwachsenen, ist in diesem Zusammmenhang die *Ernährung* zu beachten: Die Nahrungsstoffe dürfen den Organismus *nicht zu stark beanspruchen.* Eine enge Beziehung zum Lebenssinn hat der Geschmackssinn. Für jugendliche und erwachsene Patienten empfehlen sich deshalb, korrespondierend mit den oben erwähnten Tastübungen, *konzentrativ-meditative Geschmacksübungen.*[42] Darüber hinaus wirkt alles, was getan werden kann, um die Zeitläufe zu *rhythmisieren,* heilsam auf den Lebenssinn. Hier kommt besonders der Schlaf-Wach-Rhythmus in Betracht, aber auch die Rhythmisierung der Nahrungsaufnahme und die Durchgestaltung des Wochenlaufes, indem regelmäßig wiederkehrende Fixpunkte gesetzt werden.[43]

Wie der Lebenssinn mit dem Geschmackssinn korrespondiert in besonderer Art der Tastsinn mit dem Sehsinn. Das Erüben von *Beobachtungsgenauigkeit* ist eine wichtige kunsttherapeutische Aufgabe in der Behandlung von angstneurotischen Patienten. Man kann aber auch so vorgehen, dass man die Patienten veranlasst, jeden Tag zu einer bestimmten Zeit immer denselben Weg zu gehen und danach einige Beobachtungen – am Himmel, an Bäumen, am Waldboden und vielem mehr – festzuhalten. Man setzt dadurch nicht nur das, was man durch die Tastübungen anlegt, auf einer höheren Ebene fort, sondern gibt auch Anstöße, die Vorzüge des ‹objektiven›, von sich selbst absehenden Weltinteresses wiederzuentdecken. Gegen solche Anregungen richten die Patienten übrigens erfahrungsgemäß einen erheblichen Widerstand auf. Ist dieser aber einmal durchbrochen, gehört der tägliche ‹Spähgang› mit anschließender Tagebuchniederschrift bald zu den liebsten Gewohnheiten.

Zur Bewegungs- und Gleichgewichtssinn-Schulung kommt neben manchmal angezeigten gezielten Übungen[44] alles in Betracht, was in dieser Richtung an sinnvollen Freizeitbeschäftigungen angeregt werden kann: bei Kindern Reiten oder Volkstanz, bei Jugendlichen und Erwachsenen eher Sportlich-Gymnastisches, wobei nach meiner Erfahrung die *Bothmer-Gymnastik* sehr geeignet ist. Insgesamt bilden diese sinnes-, körper- und bewegungspflegerischen Maßnahmen – sie reichen bei kindlichen Ängsten manchmal schon aus – gewissermaßen das Fundament für dasjenige, was dann an psychotherapeutisch-lebensberaterischen Hilfen im engeren Sinne angeboten werden kann. – Wenn wir noch einmal auf die oben aufgezählten Richtlinien hinschauen, bedürfte noch der Erläuterung, was genau unter Übungen zur inneren Sammlung, unter Biographie-Arbeit und Schlafpflege zu verstehen ist.

Dies in aller Ausführlichkeit darzulegen, ist hier nicht meine Aufgabe, denn wie schon im Vorwort betont, kann und will die vorliegende Schrift kein Ersatz für fachkundigen Rat von Mensch zu Mensch sein. Es soll nur der Vollständigkeit halber nicht unerwähnt bleiben, dass es im geisteswissenschaftlichen Schrifttum eine Fülle von Übungsanregungen zur inneren Sammlung und Klärung gibt, die jedoch immer im Einzelfall von einem in diesen Dingen kundigen Arzt oder Therapeuten ausgewählt werden müssen. Im Zusammenhang mit der Angst kommen hierbei besonders Übungen zur Denk- und Beobachtungsschulung in Betracht. Was die Biographie-Arbeit betrifft, also das Zurückwandern in die Vorgeschichte, so unterscheidet sich der von uns bevorzugte Ansatz von dem, was heute zumeist üblich ist, dadurch, dass zwar die Suche nach möglicherweise ursächlichen traumatisierenden oder Schock-Erlebnissen nicht vernachlässigt wird, im Vordergrund jedoch der erinnernde Nachvollzug *als solcher* steht, also die möglichst wertungsfreie Vergangenheitsbewältigung, das Nach-Erzählen der eigenen Geschichte auf der Suche nach verschütteten Lebensmotiven, verfehlten Zielsetzungen, aufgegebenen Idealen, welche wiederzubeleben, wieder ernst zu nehmen und je nach individueller Schicksalssituation erneut in den Rang von Lebensleitlinien zu erheben, dann die Aufgabe einer *zukunftsorientierten* Gesprächsarbeit ist, in die zumeist auch die engsten Bezugspersonen partiell hereingeholt werden müssen. Es geht um einen – vielleicht radikalen – *Neuansatz* unter der Prämisse einer angestrebten *Bejahung* des eigenen Schicksals, wie immer es auch verlaufen sein mag. Es geht um den *Sinn.*

Die Frage der ‹Schlafpflege› muss individuell beantwortet werden. Es soll aber kein Geheimnis sein, dass neben verschiedenen Dingen, die oft von großer Wichtigkeit sind – zum Beispiel geeignete körperpflegerische Maßnahmen am

Abend, Tagesrückschau-Übung, ausgesuchte Abendlektüre, aroma-therapeutische oder auch pflanzlich-medikamentöse Hilfen, Wärmeanwendungen, bestimmte Vorstellungsübungen –, nach meiner Auffassung und Erfahrung der religiöse, nämlich der Gebetsaspekt eine entscheidende Rolle spielt: das bewusst und ohne Umschweife Sich-Hinwenden zu einer höheren, schicksalsführenden Instanz. Dass auch der Therapeut oder Arzt oder die nächste Bezugsperson dasjenige in ihre Bemühungen um Hilfe einbeziehen können, was uns von dort, wo wir uns nachts aufhalten, an intuitiven Aufschlüssen und Tatimpulsen zuteil wird, wenn wir das nötige Vertrauen in diese Möglichkeit aufbringen, ist etwas, worüber man besser nicht viele Worte macht. Aber mir scheint es mit den Jahren immer beachtenswerter.

Für die Gesprächstherapie hat sich als Erfahrungswert herausgeschält, dass es oft nützlich ist, mit den Patienten auf übergeordnete, universelle Fragestellungen zuzugehen, denen gegenüber sich das eigene Leid relativieren kann. Die Psychotherapeutin Doris Wolf sieht das ähnlich. Sie schreibt: «Aus der Perspektive einer allumfassenden Verbindung und Gemeinsamkeit mit der ganzen Menschheit und dem Fortbestehen der Menschheit über unsere Zeit hinaus erscheinen unsere Erlebnisse … kleiner und weniger bedeutend».[45] In diese Richtung soll der angstkranke Patient gewohnheitsmäßig seine Gedanken richten. Michaela Glöckler schlägt vor, die weltweiten Bedrohungen für Menschheit und Schöpfung ruhig anzuschauen und sich darüber klar zu werden, dass es um viel zu große Dinge geht, als dass auch nur auf einen Menschen und seine Initiative «zur Überwindung des Zerstörerischen … und des Bösen» verzichtet werden könnte.[46]

Schaut man diese beiden Aussagen zusammen, wird deutlich, wie aus der Relativierung der Bedeutung des eigenen Schmerzes gegenüber dem Menschheitsschmerz im nächsten Schritt eine neue Einsicht in den eigenen *Wert* innerhalb dieses Ganzen gewonnen werden kann. Solche Gedanken und Fragen kontinuierlich mit den Patienten zu pflegen, auch wenn sie sich anfangs sträuben, ist zweifellos wichtig, setzt allerdings eine gewisse Interessenlage und prinzipielle Offenheit für solche Dinge voraus, die nicht immer gegeben sind. Ich selbst habe gute Erfahrungen damit gemacht, sachlich, in geistes- und religionsgeschichtlichen Bezügen, über das Problem des Todes und des Weiterlebens nach dem Tode zu sprechen.[47]

Darüber hinaus muss die Gesprächstherapie aber auch dasjenige leisten, was ich als beharrliche Korrektur von *systematischen Denkfehlern* bezeichnen würde. Angstgeplagte Menschen sehen die Welt und ihre Beziehungen zu anderen Menschen in vieler Hinsicht ‹schief›, beurteilen Alltagsbegebenheiten falsch, sehen sich als Versager, wo sie nicht versagt haben, fühlen sich gekränkt, wo niemand sie gekränkt hat und so fort. Anhand von Tagebuchaufzeichnungen geduldig und ausdauernd die Dinge zurechtzurücken, gehört zu den zentralen therapeutischen Aufgaben.

Dies alles schließlich einmünden zu lassen in eine wirklich aktive Bejahung des eigenen Lebens als *Gestaltungsherausforderung,* um schöpferische Impulse aus der neu gewonnenen inneren Ruhe hervorzurufen und dem wieder aufkeimenden Mut Aufgaben anzubieten, an denen er sich übend bewähren kann, dazu ist die *Kunst* im Übergangsbereich von Therapie und freiem künstlerischem Gestalten aufgerufen. Sie sollte von Anfang an jede Behandlung begleiten. Ihre Bedeutung wächst mit dem allmählichen Wieder-Entflechten der zwangsläufig entstehenden Abhängigkeitsbeziehung des Patienten zur therapeutischen Hauptbezugsperson. Nichts eignet sich besser als die Kunsttherapie, um den Weg zu neuer Selbständigkeit zu ebnen.

Über das, was im engeren Sinne als medizinischer Beitrag geleistet werden kann, will ich hier als nichtärztlicher Therapeut keine Darstellung geben. Wir besprechen diese Dinge in unseren therapeutischen Konferenzen, und es zeigt sich immer wieder, wie eminent wichtig der Beistand des Arztes ist.[48] – Zu allem, was ich zum Thema therapeutische Richtlinien aus unserer Erfahrung knapp umrissen habe, sei noch angefügt: Solche Dinge sind nur bedingt ‹rezeptartig› anwendbar, also nur bedingt übertragbar. Namentlich im psychosomatisch-psychotherapeutischen und heilpädagogischen Bereich ist es oft nicht leicht zu entscheiden, in welchem Maße die erfolgreiche Anwendung bestimmter Behandlungsformen davon abhängt, dass diejenigen sie durchführen, die sie entwickelt haben. Deshalb muss man vorsichtig damit sein, dasjenige, was einem selbst gelingt, als Allerweltsmittel an die große Glocke zu hängen. Ich wünsche mir, dass jeder, der daran interessiert ist, aus dem, was in grundsätzlicher und sicher lückenhafter Art zu den Hintergründen und zur Phänomenologie der Angst gesagt worden ist, seine eigenen Schlüsse zieht. Ich wünsche mir darüber hinaus, dass den Betroffenen vielleicht damit ein wenig geholfen ist, dass sie sich besser verstanden und in der rechten Art menschlich gewürdigt fühlen.

Über Kinderängste im Besonderen soll ein anderes Mal

gesprochen werden. Die ‹goldenen Grundregeln› zur pädagogischen Vorsorge lauten:

In den ersten Lebensjahren will das Kind *Leibvertrauen* entwickeln; dadurch entsteht die Voraussetzung dafür, mit den späteren Anfechtungen des *Existenzzweifels* fertig zu werden; in den mittleren Kindheitsjahren gilt es, den Umkreis so zu gestalten, dass sich auf der Basis eines gesunden Leibvertrauens *Sozialvertrauen* entwickeln kann; dieses hilft, die *Einsamkeitserfahrung* zu bewältigen; im Jugendalter bilden Leibvertrauen und Sozialvertrauen die notwendige Voraussetzung dafür, dass *Sinnvertrauen* die *Scham* – die in ihrem Kern keine genitale, sondern eine universelle Scham ist – überwinden kann. Niemand kann Zweifel, Einsamkeit und Scham vollständig aus einem Leben verbannen. Im Existenzzweifel schlägt die frühkindliche Erfahrung der *leiblichen Ausgesetztheit* und *Verletzlichkeit* wieder hoch; durch die Einsamkeit sind wir zurückverwiesen auf die Erfahrung der *seelischen Kränkbarkeit* und *Verletzlichkeit,* von der wir erstmals, und besonders stark, in der Mitte der Kindheit betroffen sind; die Scham des Jugendalters hängt mit der Entdeckung der Lügenhaftigkeit – draußen in der Welt und im eigenen Inneren – zusammen und beruht insofern auf einem Erlebnis *geistiger Kränkbarkeit.* In jeder großen Angstanfechtung versammeln sich Zweifel, Einsamkeit und Scham. *Leibvertrauen, Sozialvertrauen* und *Sinnvertrauen* sind die Entwicklungserrungenschaften, auf die zurückzugreifen uns möglich sein muss, um in solchen Situationen standzuhalten und den Zweifel in kritische Besonnenheit, die Einsamkeit in ruhige Selbstsicherheit, die Scham in feines Gespür für die Wahrheit verwandeln zu können.

Nachtrag

Sozialvertrauen, Sinnvertrauen – woher, so mag sich mancher gefragt haben, soll man das um Gottes willen unter den heutigen Bedingungen nehmen?

Die Palette der Ängste, von denen immer mehr und mehr Menschen inmitten von Wohlstand und scheinbarer äußerer Sicherheit heimgesucht werden, ist eindrucksvoll: Phobien (Angst, die sich an bestimmte Dinge, Wesen oder Situationen bindet, zum Beispiel Angst vor Tieren, vor weiten oder engen Räumen, Höhenangst, Schulangst), allgemeine Lebensangst oder ‹frei flottierende Angst›, körper- und krankheitsbezogene Ängste, Bewährungs- und Versagensängste, soziale Ängste, Ängste vor Kontrollverlust (‹Ich könnte etwas Furchtbares tun›), aber auch, und nicht zuletzt, ‹maskierte› Ängste, die sich in krampfhaftem Streben nach Macht, Einfluss, Ansehen und Wohlstand äußern, in körperbetontem oder intellektuellem Imponiergehabe, in Drogensucht, Alkoholismus, brutaler Gewalt. Wo soll das alles enden?

Viele Menschen haben heute ganz einfach Angst vor den konkreten Bedrohungen, die durch Kriegsgefahr, Umweltverschmutzung und so weiter gegeben sind. Natürlich sind sensiblere Naturen auch diesbezüglich anfälliger als andere, aber es grenzt doch an Zynismus, solche Ängste, die zunächst einfach darauf beruhen, dass sich ein Mensch nicht mehr in falscher Sicherheit wiegen lässt, zu psychologisieren, gar zu pathologisieren. Es sind Ängste, in denen sich die Lage der Menschheit wahrheitsgetreu widerspiegelt. Diejenigen, denen all die eingeübten, den meisten von uns in Fleisch und Blut übergegangenen, psychischen Verdrängungs- und Selbstablenkungsmechanismen keinen Schutz mehr bieten; die sich einfach den Tatsachen stellen und dann bemerken müssen, dass sie der Wucht dieser Tatsachen noch nicht gewachsen sind, verdienen zuallererst unseren Respekt. Und trotzdem muss die sorgenvolle Frage erlaubt sein, wohin wiederum dies führen soll, wenn ausgerechnet die Aufrichtigsten, mit dem unbestechlichsten Wahrheitsempfinden Ausgestatteten unter uns, die den ganzen Schwindel von Wohlstand, Sicherheit, Frieden durch Gewaltandrohung und so weiter nicht mehr mitmachen, oftmals so von der Angst geschlagen werden, dass sie entweder zu völlig verfehlten Gegenmitteln greifen oder, vor Entsetzen gelähmt, sich zurückziehen und gar nichts mehr tun.

Aber immerhin: Diese logisch bezogenen, an nachweislich bedrohlichen Tatsachen sich entzündenden Zukunftsängste sind bestimmbar, man kann sie einordnen, sich darüber austauschen, darüber nachdenken, wie man anders mit ihnen umgehen sollte. Ihre Konkretheit nimmt ihnen doch ein Stück von der Unheimlichkeit, die den scheinbar ganz sinnlosen, jeglicher, oder doch fast jeglicher, Logik entbehrenden Ängsten anhaftet, die sich in der Angstneurose oder ihren Vorformen versammeln und das ganze Leben der Betroffenen zerstören, ohne dass diese so recht wissen, warum ihnen solches widerfährt. Manchmal fördert die Vorgeschichte Erschreckendes zutage, und man versteht: Dieser Mensch ist so gekränkt worden, dass er nun sein ganzes Leben wie eine einzige Kränkung erleben muss. Dann hilft es viel, dem Patienten diese Hintergründe zu entschlüsseln, obgleich es ein Märchen ist, dass angeblich die Erkenntnis der Ursachen schon die Heilung sei. In anderen – und nicht seltenen – Fällen verliert sich die Suche nach verursachenden Faktoren jedoch buchstäblich im Dunkel einer lebensgeschichtlichen Früh- oder Vorzeit, die sich der Erforschung mit gewöhnlichen Mitteln entzieht, sodass man sich fragt, ob überhaupt biographische Hintergründe (beziehungsweise was man normalerweise darunter versteht) in Betracht kommen. Diese zunächst rätselhaften Fälle, wo es weder Vorschädigungen noch einsichtige aktuelle Anlässe für die Angst zu geben scheint, sollten uns herausfordern, manchmal auch darüber nachzudenken, ob die Ereignisse im weltgeschichtlichen, gesamtmenschheitlichen Maßstab möglicherweise auf eine ganz andere Art unser Leben beeinflussen können als auf dem Wege des bewussten Aufnehmens von Informationen und des ebenfalls bewussten Wahrnehmens der Verunsicherungen, die von den Informationen in unserer Gefühlswelt ausgelöst werden. Solange die Sache diesen Gang nimmt, weiß man, woran man ist, auch wenn es wehtut, auch wenn man sich elend und hilflos fühlt. Aber oft nimmt die Sache nicht diesen Gang, sondern es geschieht etwas ganz anderes: Irgendwann erlebt ein Mensch, dass ihm Angst unter die Haut kriecht. Er weiß nicht, warum. Wenn jemand ihm sagen würde, es hätte mit diesen oder jenen schrecklichen Ereignissen oder alarmierenden Meldungen zu tun, von denen in der Zeitung zu lesen war, würde er antworten, diese Dinge hätten ihn gar nicht sonderlich berührt, weil er viel zuviel mit sich selbst beschäftigt sei. Was macht dieser Mensch mit der Angst, die plötzlich da ist, rätselhaft, unergründlich, und die wächst und wächst? Er befestigt sie irgendwo, an diesem oder jenem Vorfall, dieser oder jener Vorstellung oder unliebsamen Begegnung. Er sucht und findet einen Behelfsgrund – oder lässt ihn sich suchen und finden. Das gibt in all der Angst eine gewisse Sicherheit. Man müsste ja sonst glauben, man wäre verrückt geworden.

Aber der aufmerksame Beobachter der verschlungenen Wege und Gedankenkreise, in denen sich die Angst dieses ratsuchenden Menschen bewegt, spürt doch deutlich, dass da noch etwas anderes ist außer (beispielsweise) dem mühsam wieder aus der Erinnerung gegrabenen Mann, der das zwölfjährige Kind einmal belästigt hatte, oder der Zeit um das siebte, achte Lebensjahr, als plötzlich das Damoklesschwert einer schweren Krankheit über der Mutter hing, oder dem Panikausbruch, als vor drei Jahren die U-Bahn stecken blieb. Man spürt, dass es, neben und vor allem anderen, was da prädestinierend, erschwerend, auslösend hereingespielt hat, eine *Zukunftsangst* ist, von der dieser Mensch gepeinigt wird und die nun doch, wenn man ehrlich sein will, nicht so ohne weiteres ableitbar ist aus den vorgenannten Ereignissen. Es ist eine generelle Angst vor dem, was bevorsteht; Angst vor dem *Dasein und Werden* hier, heute und morgen. Immer wird die Vergangenheit auf die Anklagebank gesetzt, oft mit Recht, gewiss, aber könnte man nicht auch einmal Gegenwart und Zukunft ins Auge fassen, so abenteuerlich das klingen mag, um *dort* die Gründe der Angst zu suchen?

Es gibt in Hinsicht auf die Lebensangst zwei gefahrvolle

Wege. Den einen haben wir beschrieben: Es ist nicht gut, sich *zu* intensiv mit der Allgegenwart des Bedrohlichen, Zerstörerischen, Bösen zu beschäftigen, wenn man nicht darin geübt ist, aus anderen Quellen Zuversicht zu schöpfen. Der andere falsche Weg besteht darin, das Böse nicht an sich heranzulassen, es aus dem Tagesbewusstsein zu verbannen in der falschen Hoffnung, so der Angst entkommen zu können. Denn was draußen in der Welt geschieht, Kriege und Hungersnöte, Raubbau an der Natur, Folter und Freiheitsberaubung, all diese Beleidigungen der Menschlichkeit durch den Menschen – wir nehmen es ja doch tief in uns hinein, wenn nicht wach-bewusst, dann eben unbewusst. Mehr noch: Ich bin davon überzeugt, dass wir uns alle von Zeit zu Zeit auf einer Wahrnehmungsebene aufhalten, wo wir diese Dinge, wie immer wir sie sonst auch verkennen mögen, in aller Schärfe und mit tiefer Betroffenheit sehen und uns daran erinnern, dass wir eigentlich auf dieser Erde leben, weil wir unser Gewicht in die andere Waagschale werfen wollten; wo wir wieder Anschluss finden an die vorgeburtliche «Sphäre der Zielsetzungen» (Rudolf Steiner), an unsere originären Lebensmotive, die wir im gewöhnlichen Leben ins Unterbewusstsein abdrängen, abdrängen müssen, um den Alltagsforderungen gewachsen zu sein. Aber von dort klingen sie, wenn wir ihnen zuwiderhandeln, herauf als Mahnrufe jenes ‹inneren Gewissens›, von dem, anknüpfend an Abraham H. Maslow, in Kap. II.3 die Rede war. Und Nacht für Nacht entzünden sich an ihnen neue Mutkräfte, die wir über die Schwelle des Erwachens tragen. Aber irgendwo muss ja dieser Mut *anknüpfen* können, soll er nicht sogleich wieder schwinden. Wo soll er anknüpfen, wenn wir uns nicht angewöhnt haben, im Wachbewusstsein mit den großen Menschheitsfragen umzugehen und uns darüber Rechenschaft zu geben, was wir persönlich damit zu tun haben?

Die heute so weit verbreitete Lebensangst resultiert nach meiner Überzeugung nicht zuletzt daraus, dass die Menschen einerseits, ob sie wollen oder nicht, von den Weltereignissen tief in Mitleidenschaft gezogen sind, andererseits spüren, dass sie sich immer wieder von ihren diesbezüglichen, selbstgestellten Aufgaben abdrängen und einlullen lassen in das Gespinst aus Lüge, Selbstbetrug, Scheinsicherheit und zur Wichtigkeit aufgeblasenen Nebensächlichkeiten, das uns umgibt. Je mehr wir mit der für unsere gegenwärtige Bewusstseinsverfassung typischen ‹Publikumsmentalität› – die in merkwürdigem Kontrast steht zu den ebenfalls typischen Überempfindlichkeiten, durch die wir uns gegenseitig das Leben so schwer machen – auf die globalen Missstände und sich anbahnenden Katastrophen hinblicken, scheinbar unberührt, desto härter werden wir gerade von diesen Dingen in einer anderen Schicht unseres Bewusstseins attackiert und geängstigt!

Wir müssen begreifen lernen, wohin wir eigentlich wollen mit unserer ganzen Empfindsamkeit und Verletzlichkeit, mit dieser ‹Aufgerissenheit›, die es vielleicht noch nie bei so vielen Menschen gleichzeitig gab – warum wir auf dem Weg zur Jahrtausendschwelle damit begabt sind, uns tiefer beeindrukken und heftiger berühren zu lassen, als es uns lieb ist. Der Mut zur Veränderung, zum tatkräftigen Einsatz für das zuinnerst als richtig und erstrebenswert Erkannte, will sich mit dieser Feinsinnigkeit verbünden, die heute nur deshalb als quälende Angst auftritt, weil man ihren «An-ruf-Charakter»

(Hicklin), ihre Vorbotenschaft noch nicht versteht. «Wir *möchten* lebendiger sein und mehr spüren, aber wir haben Angst davor» (Maslow).

Ich will es noch etwas anders ausdrücken: Wir *vermögen* schon, lebendiger zu sein und mehr zu spüren, aber wir schrecken davor zurück. Alles hat seinen Sinn, auch die Angst, unter der heute so viele leiden. Sie kündigt eine neue soziale und spirituelle Qualität an. Davor die Augen zu verschließen, führt nur dazu, dass man sich in eine falsche Privatheit einspinnt, ein Leben führt, das nur noch aus Selbstablenkungsmanövern besteht, und eine Gleichgültigkeit vortäuscht, die nicht der Wahrheit entspricht. Die Ergebnisse sind Einsamkeit, Verbitterung und, stärker noch als zuvor: Angst. Andererseits sollte man besser nicht versuchen, diese neue soziale und spirituelle Kraft leichtfertig, ohne Vorbereitung, in sich wachzurütteln und sich eine (Mit-)Leidensbereitschaft abzufordern, der man noch nicht gewachsen ist. Die Ergebnisse können Fanatismus, Gewalt, Zufluchtsuche bei falschen Tröstern oder, auch auf diesem Weg, Einsamkeit und noch größere Angst sein. Wer den Weg wählen will, sich der Angst zu stellen und an ihr den Mut zur Veränderung der angstmachenden Verhältnisse aufzurichten, zum sozialen Engagement, zur Pflege neuer Formen des menschlichen Miteinander, des Umgangs mit der Natur, der Friedensarbeit, Kindererziehung, Krankenfürsorge, wirtschaftlichen Kooperation oder was immer für den einzelnen am Ort seines Wirkens in Betracht kommt – wer diesen Weg wählen, also nicht mehr ausweichen, sondern nach Maßgabe seiner Kräfte helfen will, muss darauf achten, dass er sich seelische Kraftquellen erschließt und nie nachlässt im Bemühen um eine erkenntnismäßige Durchdringung der Zusammenhänge, in die er sich nun tätig und innerlich teilnehmend hineingestellt hat. Er muss Erkenntnispfade betreten, die über den Materialismus, der aus unbewusster Furcht entstanden ist, hinaus und wieder zum Menschen hinführen; darauf achten, dass man seelisch Anschluss findet an wirklich bereichernde Quellen wie Kunst, Meditation, Gesprächskultur oder an christlichen Idealen sich orientierende Gemeinschaftspflege; zugleich begreifen, dass «jeder Mensch ein … Ort objektiver Überwindung möglicher Schäden» sein kann (Glöckler) und sich um entsprechende Haltungen bemühen – das wäre ein Lösungsansatz. Die Angst ruft nach dem Sinn. «Das Dreigestirn Gerechtigkeit, Frieden und Bewahrung der Schöpfung ist für die Erörterung der Sinnfrage ein neues, unverzichtbares Thema» (Hans-Dieter Schorege[49]). Dazu kann jeder beitragen.

Die im vorletzten Kapitel dieser Schrift skizzierten pädagogisch-therapeutischen Richtlinien sind nur mit Vorbehalt als Empfehlungen für den ‹Hausgebrauch› zu verstehen. Man kann zweifellos für die Kindererziehung wesentliche Gesichtspunkte daraus gewinnen. Wer im Großen und Ganzen ein selbständiges Leben führt, aber zu der Einsicht gelangt ist, dass übertriebene Ängste für sie/ihn eine doch in vieler Hinsicht beeinträchtigende Dauerbelastung sind, kann ebenfalls fündig werden in dem Sinne, dass sie/er in dem Buch die Richtung angezeigt findet, in die sich das Bemühen um Selbsthilfe bewegen sollte. Eine Beratung mit einem in diesen Dingen erfahrenen Menschen, der für den Einzelfall präzisieren kann, was hier in allgemeiner Form gesagt ist, wäre trotzdem von Vorteil.

Anders liegt die Sache bei schwer chronifizierten Angstneurosen. Hier ist zunächst unbedingt eine medizinisch-psychiatrische Intervention erforderlich, gegebenenfalls ein längerer Aufenthalt in einer psychosomatischen Klinik. Der im engeren Sinne angstkranke Patient wird die im vorliegenden Buch gegebenen Ratschläge schon deshalb nicht ohne Vorbereitung und Begleitung umsetzen können, weil ihn im neurotischen Teufelskreis die Angst gerade daran hindert, angstüberwindende Schritte zu tun. Die Behandlung einer solchen Krankheit mit Klinikaufenthalt und ambulanter Nachbetreuung ist sehr schwer und dauert manchmal Jahre. Unendlich viel hängt namentlich für die ambulante Arbeit vom persönlichen Vertrauensverhältnis zwischen Arzt/Therapeut und Patient ab. Diese Basis kann nicht geschäftsmäßig hergestellt werden. Kein vernünftiger Therapeut setzt eine Behandlung fort, wenn er spürt, dass diesbezüglich die Voraussetzungen fehlen. Hier ist beiderseitige Ehrlichkeit vonnöten; jeder therapeutische Ehrgeiz (ich muss es schaffen, ich habe das beste Behandlungskonzept) führt auf Abwege. Die Erfahrung zeigt nämlich, dass angstkranke Patienten das, was ihnen helfen könnte, aus eigenem Impuls zunächst gerade nicht tun wollen. Deshalb muss die therapeutische Beziehung eine solche sein, die den Patienten motiviert, die ersten Schritte, wenn schon nicht aus eigener Überzeugung, so doch dem Therapeuten zuliebe zu wagen. Anders gesagt: Der Therapeut braucht Vollmachten, in das private Leben des Patienten bis zu einem gewissen Grad gestaltend hineinzuwirken. Diese Vollmachten kann ihm nur der Patient selbst auf der Basis eines echten Vertrauensverhältnisses verleihen, welches in gewissem Umfang auch ein frei gewähltes und für einen begrenzten Zeitraum unumstößliches Autoritätsverhältnis sein sollte. Niemand jedoch anerkennt einen anderen als vertrauenswürdige Autorität allein aufgrund einer beruflichen Qualifikation, eines ausgezeichneten Leumundes oder Ähnlichem.

Hier spielt übrigens, wenngleich nicht zwangsläufig, auch das Altersgefälle eine Rolle. Als Vierzigjähriger kann ich eine solche Autorität oftmals für Jugendliche und junge Erwachsene bis zum fünfundzwanzigsten oder dreißigsten Lebensjahr sein; ältere Patienten habe ich nach erstem Kennenlernen schon mehrmals gebeten, sich doch lieber einem an Jahren und Lebenserfahrung reiferen Therapeuten anzuvertrauen, weil einfach spürbar wurde, dass die Betreffenden (Krankheit hin, Krankheit her) unter normalen Umständen eher prädestiniert gewesen wären, mir Lebensratschläge zu erteilen als umgekehrt.

Die ambulante Therapie bei Angstneurosen braucht nicht von einem Arzt durchgeführt zu werden. Aber es sollte ein Arzt die Behandlung ständig im Hintergrund begleiten, damit die notwendige medikamentöse Unterstützung gewährleistet ist, aber auch zur Absicherung des Patienten und nichtärztlichen Therapeuten hinsichtlich der vielfältigen körperlichen Beschwerden, die im Zusammenhang mit Angstneurosen auftreten. Wir halten eine kombinierte Therapie, Massage und ärztliche Maßnahmen für ideal. Bei Kindern steht im Mittelpunkt eine heilpädagogische Spiel- und Übungstherapie. Die speziellen Spiel- und Übungsteile werden ergänzt durch therapeutische Märchenarbeit, heilpädagogisches Malen und Plastizieren sowie intensive Elternberatung. Auch hier ist die persönliche Beziehung von ausschlaggebender Bedeutung.

Anmerkungen

Zu Teil I (Vom Wesen der Angst)

1 Fritz Riemann, *Grundformen der Angst – eine tiefenpsychologische Studie*, München 1990. Alle weiteren, nicht besonders gekennzeichneten Zitate von Riemann stammen aus diesem Buch.

2 In einer norddeutschen Nobeldiscothek wurde kürzlich das Happening ‹Angst I› gegeben. Überall hingen täuschend nachgemachte, abgeschnittene Körperteile herum; an einer lebensechten Puppe wurde ‹Bauchoperation ohne Narkose› gespielt, es floss in Strömen (unechtes) Blut. Die Veranstalter sagten, dies sei eine Möglichkeit, Ängste zu verarbeiten. Solche Exzesse finden häufig und in den verschiedensten Versionen statt. Man hat den Eindruck, was da ‹Angstverarbeitung› genannt wird, zielt auf eine systematische Verrohung ab, auf eine Desensibilisierung gegen alles, was im Menschen normalerweise Angst, Grauen und Abscheu hervorruft.

3 Erich Fromm, *Die Seele des Menschen*, Frankfurt/Berlin/Wien 1981.

4 Alexander Lowen, *Angst vor dem Leben*, München 1989.

5 Vgl. dazu Teil III Kap. 5.

6 Margrit Erni, *Zwischen Angst und Sicherheit*, Düsseldorf 1989.

7 *Ich will reden von der Angst meines Herzens*, Luchterhand-Flugschrift, Frankfurt 1991.

8 Alois Hicklin, *Das menschliche Gesicht der Angst*, Zürich 1990. – Alle weiteren, nicht ausgewiesenen Zitate von Hicklin stammen aus diesem Buch.

9 Vgl. zu Hicklin auch meine Buchbesprechung in *Die Drei*, Oktober 1991.

10 Karl König, *Über die menschliche Seele*, Stuttgart 1989; dort wird zitiert: V.E. von Gebsattel, *Prolegomena einer medizinischen Anthropologie*, Berlin 1954.

11 Wenn ich Lowen (vgl. Anm. 4) gelegentlich zitiere, darf dies nicht darüber hinwegtäuschen, dass zwischen seinem bioenergetischen, auf Wilhelm Reich zurückgehenden Ansatz und dem hier vertretenen gewaltige Unterschiede bestehen. Ich finde bemerkenswerte Ansätze bei Lowen, solange er nicht seine Lieblingsidee verfolgt, das Glück des Menschen hänge ausschließlich von seiner erotisch-sexuellen Erlösung ab.

12 Michaela Glöckler, *Elternsprechstunde*, dort: *Angst und ihre Überwindung im Kindesalter*, Stuttgart 1989.

13 Helmut Hessenbruch, *Die Überwindung der Angst*, Weleda-Nachrichten Heft 181/1991.

14 Martin Buber schreibt in seinem Buch *Ich und Du*: «Die Ausbildung der erfahrenden und gebrauchenden Funktionen erfolgt zumeist durch Minderung der Beziehungskraft des Menschen – der Kraft, vermöge deren allein der Mensch im Geist leben kann.» Unter erfahrenden und gebrauchenden Funktionen versteht Buber alles, was unser «Grundverhältnis ... zur Eswelt» so bestimmt, dass wir «unmittelbares Erfahren durch mittelbares ... ersetzten.» Es gehört zum Menschenschicksal, dass wir, um die Angst zu bewältigen, diese Preisgabe der Unmittelbarkeit nicht vermeiden können. Aber sie kann wieder überwunden werden durch das Interesse.

15 Ch. Reinig, *Die Prüfung des Lächlers*, München 1980.
16 Vgl. Anm. 8.
17 Michaela Glöckler, *Vom Umgang mit der Angst*, Stuttgart 1990.
18 Vgl. Anm. 13.
19 Rudolf Steiner, *Heilpädagogischer Kurs*, Rudolf Steiner Gesamtausgabe (= GA) 317, Vortrag vom 28.5.1924.
20 Rudolf Steiner, *Eine okkulte Physiologie*, GA 128, Vortrag vom 26.3.1911.
21 Ich betrachte es in dieser Schrift schon deshalb nicht als meine Aufgabe, die zahlreichen, speziellen Angstformen, die in der Psychologie unterschieden werden, zu beschreiben, weil eine Fülle von Büchern und Ratgebern auf dem Markt ist, die dies tun. Einen guten, umfassenden, wenn auch menschenkundlich überhaupt nicht ausgeloteten Überblick geben z. B. Herbert Fensterheim und Jean Baer in ihrem Buch *Das Anti-Angst-Training. Verlerne deine Unsicherheiten, Ängste und Phobien*, München 1988. Die dort gegebenen praktischen Ratschläge gehen zwar nicht in die Tiefe, sind aber für den Alltag recht brauchbar.
22 Rudolf Steiner, *Anthroposophie, Psychosophie, Pneumatosophie*, GA 115, Vortrag vom 4. 11.1910.
23 Rudolf Steiner, *Rhythmen im Kosmos und im Menschenwesen. Wie kommt man zum Schauen der geistigen Welt*, GA 350, Vortrag vom 18.7.1923.
24 Didier Anzieu, *Das Haut-Ich*, Frankfurt 1991.
25 Vgl. dazu Teil III, Kap. 6 (Angst und Sinne).
26 Vgl. Anm. 19.
27 Michl Zlotowicz, *Warum haben Kinder Angst?*, Stuttgart 1883.
28 Vgl. Anm. 1.

1 Rudolf Steiner, *Heilpädagogischer Kurs,* 28.5.1924: «Man darf es ... nicht hinausposaunen ... in unserer Zeit. Aber man muss sich klar sein: Wenn ein abnormes Symptom auftritt, so ist etwas da, das, geistig gesehen, näher dem Geistigen steht als dasjenige, was der Mensch in seinem gesunden Organismus tut.» Die sogenannten geistig Behinderten seien, so Steiner, «die eigentlich göttlichen Menschen.»

2 Alois Hicklin, *Das menschliche Gesicht der Angst,* Zürich 1989. Alle weiteren, nicht ausgewiesenen Zitate von Hicklin stammen aus diesem Buch.

3 Alfred Adler schrieb in seiner 1928 erschienenen *Praxis und Theorie der Individualpsychologie*: «Jede Neurose kann als ein kulturell verfehlter Versuch verstanden werden, sich aus einem Gefühl der Minderwertigkeit zu befreien, um ein Gefühl der Überlegenheit zu gewinnen. Der Weg der Neurose führt (aber) nicht auf die Linie der sozialen Aktivität, zielt nicht auf Lösung der gegebenen Lebensfragen, (sondern) erzwingt die Isolierung des Patienten.» Das Verfehlte des neurotischen Bewältigungsversuchs besteht nicht zuletzt darin, dass die Vermeidung von allem, was das Minderwertigkeitsgefühl bestätigen könnte, zur Lebensmaxime wird. Wir müssen, individuell und gesellschaftlich, lernen, dass der Einsatz wichtiger ist als das Ergebnis, die Bewegung wichtiger als das Ziel. Diesbezüglich sind wir alle von vollkommen falschen Wertvorstellungen besetzt.

4 Fritz Riemann, *Grundformen der Angst*, München 1990.

5 Als Utilitarismus wird die auf Jeremy Bentham zurückgehende philosophische Strömung bezeichnet, die das Prinzip des größtmöglichen Glücks als Maß aller Dinge verficht. Ein Neo-Utilitarier ist der australische Bio-Ethiker Peter

Singer, der in letzter Zeit mit seinen Plädoyers für die legale Ermordung schwerbehinderter Säuglinge (wenn diese absehbar ein unglückliches Leben führen werden) für Aufregung gesorgt hat.

6 Abraham H. Maslow, *Psychologie des Seins*, München 1973.

7 Ein diesbezüglicher Paradigmawechsel in unserer gesamten Grundeinstellung wäre nicht nur ein kulturelles Heilmittel gegen die Lebensangst, sondern hätte überdies zur Folge, dass sich erstens unsere Haltung gegenüber Kindern grundlegend wandeln würde, zweitens der Umgang mit Behinderten auf eine Basis gestellt wäre, die ahnungslosen Philosophen wie Peter Singer (vgl. Anm. 5) keine Chance mehr ließe, mit ihren Ideen überhaupt hervorzutreten. Von Singer ist das Buch *Praktische Ethik* erschienen (Stuttgart 1990). Man sollte es lesen, um sich zu orientieren, welche Wege die «nekrophile Orientierung» (Erich Fromm) heute in wissenschaftlicher Verkleidung geht.

8 Erich Fromm, *Die Kunst des Liebens*, Frankfurt 1977.

9 Rudolf Steiner, *Rhythmen im Kosmos und im Menschenwesen. Wie kommt man zum Schauen der geistigen Welt?* GA 350, Vortrag vom 18.7.1923. Steiner äußert sich hier speziell zu bestimmten Angsterfahrungen, die auf dem Weg zur höheren Erkenntnis eintreten können.

10 M. Glöckler, *Vom Umgang mit der Angst*, Stuttgart 1990.

11 R. Steiner, *Anthroposophie als Kosmosophie*, 1. Teil, GA 207, Vortrag vom 23.9.1921.

12 Rudolf Steiner, *Das esoterische Christentum und die geistige Führung der Menschheit*, GA 130, Vortrag vom 2.12.1911.

13 Vgl. dazu Teil III., Kap. 7.

Zu Teil III (Angst – Schlaf – Kindheit)

1 Karl König, *Über die menschliche Seele*, Stuttgart 1989.

2 Alois Hicklin, *Das menschliche Gesicht der Angst*, Zürich 1989. Weiter nicht ausgewiesene Zitate von Hicklin stammen aus diesem Buch.

3 Fritz Riemann, *Grundformen der Angst*, München 1990.

4 Diesbezüglich wird von seiten der Kinderpsychologie vieles völlig schief dargestellt. Bis zum 9./10. Lebensjahr verstehen Kinder, wenn sie vom Tod sprechen, etwas völlig anderes darunter als Jugendliche oder Erwachsene. Das Todesproblem wird in seiner eigentlichen Dimension noch nicht erfasst. Es lebt im Bewusstsein des kleineren Kindes als Bestandteil des Abschieds- und Trennungsproblems.

5 Doris Wolf, *Ängste verstehen und überwinden*, Mannheim 1990.

6 Chérie Carter-Scott, *Negaholiker: Der Hang zum Negativen*, Frankfurt 1990.

7 Rudolf Steiner, *Das Karma des Berufes des Menschen*, GA 172, Vortrag vom 5.11.1916.

8 F.S. Perls, *Grundlagen der Gestalttherapie*, München 1985.

9 Ich habe mich über diese Möglichkeit ausführlich geäußert in *Die stille Sehnsucht nach Heimkehr*, Stuttgart 1987.

10 Erich Fromm, *Psychoanalyse und Ethik*, Frankfurt 1981.

11 Maslow schreibt: «Wenn sie mir sagen, dass sie ein Persönlichkeitsproblem haben, bin ich nicht sicher, bevor ich sie besser kenne, ob ich ‹Gut!› oder ‹Es tut mir leid› sagen soll. Es hängt von den Gründen ab. Und diese, scheint mir, können schlechte oder gute Gründe sein.» Ich würde noch einen Schritt weiter gehen: Selbst ein Grund, der von der Vergangenheit her betrachtet ein ‹schlechter› sein mag, kann sich im Hinblick auf die Zukunft als etwas Positives erweisen.

12 Rudolf Steiner, *Das Karma des Berufes*, GA 172, Vortrag vom 13.11.1916.

13 Ich spreche hier mit etwas anderer Nuancierung vom ‹Lebensgleichgewicht›, als es z. B. Steiner in *Weltwesen und Ichheit* (4.7.1916) tut, wo die Balance zwischen Luziferischem und Ahrimanischem betont wird. Insofern Steiner jedoch hierbei das ausgewogene Verhältnis zwischen Hingegebensein an die Naturtatsachen, die Sinneswelt einerseits, dem Bedürfnis nach Einheit, Innerlichkeit und Überschau andererseits gegenüberstellt, stehen wir doch wieder vor derselben Grundpolarität. Nebenbei: Steiner sagte an anderer Stelle einmal, luziferisches Wirken zeige sich in dem Bestreben des Menschen, ein Engel sein zu wollen.

14 Dieses Phänomen zeigt sich in der Biographiearbeit mit Angstpatienten immer wieder und müsste einmal näher untersucht werden. Im Rückblick auf die eigene Geschichte ist bei ihnen kaum ein Erlebnis von Kontinuität da. Alles scheint in zusammenhanglose Einzelheiten zerfallen zu sein. Diese wieder zu einem Gesamtbild zusammenzusetzen, ist unseres Erachtens eine mindestens ebenso wichtige Aufgabe wie das Aufspüren von angstverursachenden Erlebnissen.

15 Klaus Dörner, Ursula Plog, *Irren ist menschlich*, Hannover 1982.

16 Vgl. dazu Teil III, Kap. 1 (Exkurs zur Frage nach Ursache und Schuld). Angst kann ebenso gut mit einer hohen Wachheit und Sensibilität für aktuelle oder zukünftige Gefahren zusammenhängen, ohne dass in der Kindheit etwas Gravierendes vorgefallen sein muss, wie andererseits dann, wenn jemand auf eine ausgesprochen unglückliche Kindheit zurückblickt, ein stabiler Freundeskreis, eine gute Ehe oder ein erfüllendes Berufsleben verhindern können, dass die Lebensangst, mit der man aufgrund der Vorgeschichte eigent-

lich rechnen müsste, zum Ausbruch kommt. Mit einem Wort: In den menschlichen Angelegenheiten ist nichts berechenbar.

17 Hans Georg Bulla, *Weitergehen*, Gedichte, Frankfurt 1980.

18 Karl König, *Über die menschliche Seele*, Stuttgart 1989.

19 Helmut Hessenbruch, *Die Überwindung der Angst*, Weleda-Nachrichten, Heft 181/1991.

20 Vgl. Anm. 5.

21 Wir setzen in diesem Fall Erkenntnis- und Wahrnehmungsvorgang gleich, weil es um Situationen geht, in denen uns etwas begegnet, was wir nicht sofort beurteilen bzw. begreifen können, sei es ein starker Sinneseindruck, sei es ein Problem, eine Frage. Beides weckt der Tendenz nach Angst. Auch ein Problem macht einen ‹Eindruck› auf mich.

22 Rudolf Steiner, *Die geistig-seelischen Grundkräfte der Erziehungskunst*, GA 305, Vortrag vom 16.8.1922.

23 Rudolf Steiner, *Anthroposophie, Psychosophie, Pneumatosophie*, GA 115, Vortrag vom 4.11.1910.

24 Henning Köhler, *Jugend im Zwiespalt*, Stuttgart 1991.

25 Es ist in diesem Zusammenhang nicht uninteressant, dass diese Bilder, wenn die Abgrenzung gegen sie in eklatanter Weise misslingt, wie Außenwelteindrücke auf uns zukommen, nämlich als Halluzinationen.

26 Zitiert nach Jörgen Smit, *Der werdende Mensch*, Stuttgart 1989.

27 Einige wichtige Punkte: Die Verdauungsprozesse sollten weitgehend zur Ruhe gekommen sein, wenn das Kind einschläft; keine Medienberieselung, schon gar kein Fernsehen in den frühen Abendstunden oder gar im Bett. Die gute Tradition des kleinen Abendrituals mit stimmungsvoller Geschichte, Gesang und Gebet gehört auch heute noch zu den wichtigsten pädagogischen Richtlinien. Eine kleine

Tagesrückschau sollte gemeinsam durchgeführt werden. Dabei kommt es besonders darauf an, dass Konflikte und Streitereien des Tages noch einmal sachlich angeschaut und (verbunden mit dem Vorsatz, das nächste Mal anders miteinander umzugehen) gegenseitig verziehen werden. Die wichtigsten, am nächsten Tag bevorstehenden Ereignisse kurz erwähnen und einen ermutigenden Satz dazu sagen. Auch ein kurzes Gedenken an diejenigen unter den uns bekannten Menschen, die gerade Schweres durchmachen, ist hilfreich. – Morgens sollte der Tag akzentuiert beginnen, eine Ganzkörpereinreibung vor dem Frühstück ist eine Wohltat. Die schon am Vorabend besprochenen besonderen Ereignisse des Tages beim Frühstück noch einmal kurz durchgehen. Obwohl diese wenigen Anregungen in jedem Fall aufgegriffen werden können, geht es gerade bei den ‹Angstkindern› darum, ein ganz individuell abgestimmtes Einschlaf- und Aufwachprogramm auszuarbeiten. Dazu kann man sich an einen Heilpädagogen oder erfahrenen Waldorflehrer wenden.

28 Wir sprechen in der anthroposophischen Menschenkunde auch vom ‹Inkarnationsprozess›; für unseren Zusammenhang ist jedoch ‹Aufwachprozess› anschaulicher.

29 Symptome, die bei schwer vernachlässigten, aber auch bei autistischen Kindern bekannt sind.

30 Die Frage ist doch: In welchem Wertesystem bewegen wir uns, wenn die große Aufgabe, Kinder zu erziehen, mit geringschätzigen Ausdrücken wie ‹braves Hausmütterchen› etc. belegt wird. Nun ist es aber nicht damit getan, wenn sich die Männer wortreich für eine gesellschaftliche Aufwertung der Berufstätigkeit in Erziehung und Haushalt einsetzen, ihrerseits aber dabei bleiben, dies sei Frauensache. Es ist heute nicht weniger Männersache. Ich kenne seit 15 Jahren

keine schönere Beschäftigung, als mit Kindern zusammenzusein; jahrelang habe ich in Heimen die Aufgabe des Gruppenvaters mit allen Putz- und Haushaltstätigkeiten, die dazugehören, ergriffen und nie das Gefühl gehabt, dies untergrabe das Selbstbewusstsein. Im Gegenteil. Aber wir waren im Heimzusammenhang nebenbei noch unterrichtend tätig, hatten ein großes kulturelles und Fortbildungsangebot. Es gab also nicht diese Vereinseitigung (und teilweise auch Vereinsamung), von der heute viele Hausfrauen betroffen sind. Frauen und Männer teilten sich die Erziehungs- und Haushaltsarbeiten ohne Rücksicht auf Geschlechtsunterschiede. Ich denke, das Zusammenleben- und arbeiten in heilpädagogischen Dorfgemeinschaften hat hier einen Vorbildcharakter. Natürlich kann man dieses Modell nicht einfach auf jede andere Lebenssituation übertragen. Aber man kann daraus lernen, welche Grundeinstellungen sich zunächst wieder ändern müssen. Ein Mensch, ob Frau oder Mann, der für ein paar Jahre hauptsächlich Kinder erzieht, ist doch nicht auf einem minderwertigen Arbeitsfeld tätig! Er ist auf einem der wichtigsten Arbeitsfelder tätig, die es überhaupt gibt! Aber man muss sich gegenseitig entlasten, Vereinseitigungen vermeiden, Anschluss behalten an außerberufliche Kraftquellen und vor allem mit dem Unsinn aufhören, Kindererziehung (mit allem Drumherum) sei ‹Frauensache›! Es ist Menschensache!

31 Ich empfehle hierzu aus der Reihe *Rudolf Steiner – Themen aus dem Gesamtwerk* (Verlag Freies Geistesleben) Band 4 (Reinkarnation und Karma) zur anfänglichen Orientierung.

32 Michaela Glöckler, *Elternsprechstunde*, Stuttgart 1989.

33 Alois Hicklin, *Das menschliche Gesicht der Angst*, Zürich 1990.

34 Vgl. Anm. 18.

35 Zitiert nach Roswitha Heimann, *Der Rhythmus und seine Bedeutung in der Heilpädagogik*, Stuttgart 1989. Dieses Buch möchte ich wärmstens empfehlen! Von dem darin zitierten A. Borbély gibt das neue Buch *Das Geheimnis des Schlafs. Neue Wege und Erkenntnisse der Forschung* (Frankfurt/Berlin 1991) einen guten, einführenden Überblick über den Stand der naturwissenschaftlich-experimentellen Schlafforschung, den man kennen sollte, wenn man zu ergänzenden und weiterführenden geisteswissenschaftlichen Aussagen vordringen will.

36 Wer dieses Phänomen rein biologisch deuten will (die körperliche Regeneration ist der Grund für die bessere Stimmung), geht nicht ganz sauber vor. Denn jeder weiß, dass man auch im Erschöpfungszustand fröhlich oder im Zustand bester Vitalität traurig sein kann. Was speziell die Angst betrifft, ist es sehr schwer zu entscheiden, ob die Angst zur Erschöpfung führt oder die Erschöpfung Angst hervorruft. Wir wissen zunächst nur, dass beides bevorzugt gemeinsam auftritt. Unsere Betrachtungen legen den Schluss nahe, dass es sich um zwei Seiten eines ursächlichen Dritten handelt. Die zunehmende Entfernung von den Kraft- und Mutquellen des Schlafes führt zur Erschöpfung und zu größerer Angstbereitschaft. Dabei ist es interessant, dass Erschöpfung aufgrund harter körperlicher Arbeit oder sportlicher Verausgabung offenbar überhaupt nicht signifikant angstbegünstigend ist, wohl aber Erschöpfung aufgrund natürlicher Er- oder Übermüdung.

37 Vgl. Anm. 26.

38 Hier muss aber davor gewarnt werden, die alten Volksmärchen undifferenziert zur Angstbewältigung heranzuziehen. Man muss genau wissen, welche Märchen in welchem Alter für welches Kind, zu welcher Tageszeit und so weiter. Wenn

wir Märchen wie Heilmittel benutzen, brauchen wir selbstverständlich eine entsprechende ‹Heilmittelkunde›. Diesbezüglich wird aus einer falschen, weil unkritischen Begeisterung für alle Grimmschen Volksmärchen viel Schaden angerichtet.

39 Karl König, *Sinnesentwicklung und Leiberfahrung*, Stuttgart 1971. Ich verweise zum Thema Leibessinne auch auf das Büchlein *Frühförderung in der Heilpädagogik* von Dieter Schulz, Stuttgart 1991.

40 Rudolf Steiner, *Weltwesen und Ichheit*, GA 169, Vortrag vom 4.7.1916.

41 Körpergeographie-Übungen sind Übungen, durch die (meistens rhythmisch gestaltet) die instinktive Sicherheit im Wahrnehmen der ‹Landkarte‹ der eigenen Körperoberfläche und Körperproportionen zwischen oben und unten, rechts und links verbessert wird.

42 Man nimmt z.B. die vier Grundgeschmacksrichtungen süß, sauer, salzig und bitter (ein paar Körnchen Zucker, ein Tröpfchen Zitronensaft, eine Prise Salz, ein wenig Muskat in vier verschiedenen Gefäßen) und versucht, nacheinander die unterschiedlichen Geschmackserlebnisse von der Zungenspitze aus weiterzuverfolgen, wie sie sich über den Zungengrund nach innen fortsetzen. Dies soll ganz konzentriert geschehen. Natürlich muss zwischendurch jedes Mal der Mund ausgespült werden. Eine bewährte Hilfe zur Konzentration ist es, sich zu fragen, mit welchem Musikinstrument die einzelnen Geschmacksrichtungen vergleichbar sind.

43 Dabei geht es nicht um die Fixpunkte, die durch berufliche, schulische oder häusliche Pflichten ohnehin gegeben sind, sondern um die Anreicherung des Alltags mit Erlebnisqualitäten, die außerhalb der Routine und des Pflichtgemä-

ßen liegen. Dabei (wie bei manchem, was hier gesagt wird) ist natürlich ohne die getreuliche Mitarbeit des Patienten (oder, wenn es um Kinder geht, der Eltern) nichts zu erreichen. Alles, was den Gewohnheitsrahmen erweitert, ist ja angstbesetzt; es ist also ein gewisses Maß an Bereitschaft des Patienten erforderlich, sich beunruhigen zu lassen und vielleicht sogar eine vorübergehende Verschlimmerung der Angst in Kauf zu nehmen. Hier liegt erfahrungsgemäß eine große Schwierigkeit für die ambulante Arbeit. Man muss die Patienten zu manchem auffordern, wovor sie ja gerade Angst haben, kann aber nicht ständig neben ihnen stehen.

44 Die Heileurythmie spielt hier eine große Rolle, aber z.B. auch ganz konkrete Balanceübungen, die bewusste Verlangsamung von Bewegungsabläufen o.ä.

45 Vgl. Anm. 5.

46 Vgl. Anm. 10 zu Teil II, S. 149.

47 Sehr geeignet ist hierzu das Buch *Jenseits* von Johannes Hemleben, erschienen im Rowohlt-Verlag.

48 Ich verweise in diesem Zusammenhang auch auf das Buch *Angstanfälle* von Dr. Hertha Lauer, das 1991 im Verlag Urachhaus erschienen ist.

49 Hans-Dieter Schorege, *… und alles hat wieder einen Sinn. Wege aus Lebenskrisen*, Gütersloh 1991.

falter

Quellen der Wandlung

Meditative Gebete

für die heutige Zeit
von Adam Bittleston

Weihnachten

Die drei Geburten des Menschen
von Georg Kühlewind

Die Monatstugenden

Zwölf Meditationen
herausgegeben von Jean-Claude Lin

Meditation und Christus-Erfahrung

Wege zur Verwandlung des eigenen Lebens
von Jörgen Smit

VERLAG FREIES GEISTESLEBEN

falter

Wege seelischen Erlebens

Zeit des Sterbens

Vom Hingang eines alten Menschen
von Almut Bockemühl

Das vergessene Gemüt

Kräfte aus den Tiefen der Seele
von Erhard Fucke

Die dunkle Nacht der Seele

Wege aus der Depression
von Olaf Koob

Psychologie

als spirituelle Betätigung
von Kurt Vierl

VERLAG FREIES GEISTESLEBEN

falter

Bilder des Lebens

Vom Engel berührt

Schicksalsbegebenheiten
erzählt von Dan Lindholm

Woher kommen wir – wohin gehen wir?

Fragen nach wiederholten Erdenleben
von Dan Lindholm

In der Mitte der Mensch

Geistige Entwicklung als Bildgeheimnis
von Hella Krause-Zimmer

Blick in eine andere Welt

Begegnungen mit Verstorbenen und geistigen Wesen
von Dagny Wegener